한 권으로 끝내는

시원스쿨 토익 스피킹

실전 모의고사 **10**회

시원스쿨 **LAB**

시원스쿨
토익스피킹 실전 모의고사 10회

개정 2판 1쇄 발행 2022년 7월 26일
개정 2판 2쇄 발행 2024년 4월 1일

지은이 이민하(KATE) 시원스쿨어학연구소
펴낸곳 (주)에스제이더블유인터내셔널
펴낸이 양홍걸 이시원

홈페이지 www.siwonschool.com
주소 서울시 영등포구 영신로 166 시원스쿨
교재 구입 문의 02)2014-8151
고객센터 02)6409-0878

ISBN 979-11-6150-523-7 13740
Number 1-110808-18121800-02

이 책은 저작권법에 따라 보호받는 저작물이므로 무단복제와 무단전재를 금합니다.
이 책 내용의 전부 또는 일부를 이용하려면 반드시 저작권자와 ㈜에스제이더블유인터내셔널의 서면 동의를 받아야 합니다.

『특허 제0557442호 가접별책 ®주식회사 비상교육』

머리말

Hi, everyone. 여러분, 안녕하세요. 케이트입니다.
<시원스쿨 토익스피킹 IM – AL>에 이어 <시원스쿨 토익스피킹 실전 모의고사 10회>를 소개합니다.
이번 도서의 핵심은 '효율성'입니다.

출제 빈도가 가장 높은 문제들 위주로 토익스피킹 최신 경향을 완벽 반영한 본 도서를 통해 여러분은 보다
효율적으로 시험에 대비할 수 있습니다.

타 모의고사 도서들과는 달리, 각 시험마다 난이도 분석과 QR 코드 총평 강의를 무료로 제공하고, 토익스피킹 필수
표현을 정리하여 오답 노트식 공부를 진행하도록 기획했습니다. 이는 가장 효과적인 공부 방법으로 알려져 있죠.

혼자 책과 씨름하는 지루한 독학이 아닌, 제 현장 수업과 실제 시험의 실전감을 그대로 느낄 수 있도록 시험 전략 특강
과 모의고사 영상을 제공합니다. 혼자 공부하는 학습자도 믿고 따라옴으로써 최소한의 시간 투자로 최대의 효과를
거두도록 만들었습니다. 또한 '감당할 수 있는 만큼'이라는 제 전략을 다시 살려 여러분이 목표 등급에 맞게 선택적으로
학습할 수 있도록 기획했습니다.

여러분, *Keep it simple, Keep it real!* 이라는 말이 있죠. 여러분의 토익스피킹 학습 여정은 결코 어려울 필요가
없습니다. 토익스피킹에 대한 막연한 부담과 스트레스를 버리시고, <시원스쿨 토익스피킹 실전 모의고사 10회>
그리고 저와 함께 하신다면 반드시 목표한 바를 이룰 수 있으리라 확신합니다.

Thanks to

구석구석 손길이 많이 가는 본 도서가 여러분의 품에 안길 수 있도록 도와주시고 응원해주신 분들께 감사의 인사를
전합니다. 시원스쿨LAB의 신승호 이사님, 감사합니다. 홍지영 팀장님, 항상 함께 하여 든든합니다.
전 과정을 함께 한 문나라 대리님, 그리고 피디님들, 그대들과 함께여서 이 여정이 보다 즐겁습니다.
그리고 이 책이 나오는 과정에 도움주신 많은 분들께 감사드립니다.

우리 가족! 무한 응원, 배려와 지지에 감사합니다.
그리고 제 일이라면 늘 배려해주는 제 친구들, 동료들 모두 감사합니다!

이민하(Kate)

토익스피킹 기본 정보

1 시험 환경

 컴퓨터로 시행되며 헤드셋을 착용하고 녹음하는 네트워크 기반 시험입니다.

 여러 명의 수험자가 한 고사실에 입장하여 시험을 치릅니다. 고사장의 규모와 인원에 따라 시험장 분위기가 매우 달라지므로 유의하도록 합니다.

 마이크에 답변을 소리내어 녹음하는 시험입니다. 답변이 제대로 녹음될 수 있도록 적당히 큰 소리로 말하도록 합니다.

 음원 반복 재생은 불가합니다.

2 시험 진행

시험은 주로 10:30과 11:30에 시작합니다. 응시생이 늘어나는 신입사원 채용기간에는 응시 가능 시간이 확대되며, 응시생이 적은 기간에는 축소됩니다. 입실부터 퇴실까지는 약 50분이 소모되며 시험의 진행은 아래와 같습니다.

[11시 30분 시험 기준]

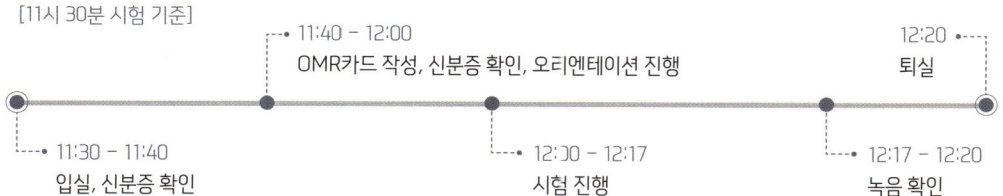

3 기타 일정

- 매주 토요일과 일요일에 정기 시험이 있으며, 하루에 2회 응시할 수는 없지만, 회차별로는 횟수에 제한 없이 신청이 가능합니다. 토요일에 시험을 보고 일요일에 시험을 또 볼 수 있습니다.
- 성적은 시험일 기준으로 5일 뒤에 발표됩니다.
- 성적은 시험일 기준으로 2년간 유효합니다.

4 시험 구성

문항	문항 수	문제 유형	준비 시간	답변 시간	배점
Q 1-2	2개	지문 읽기	45초	45초	각 3점
Q 3-4	2개	사진 묘사하기	45초	30초	각 3점
Q 5-7	3개	듣고 질문에 답하기	표 읽기 45초 문항별 3초	15/15/30초	각 3점
Q 8-10	3개	제공된 정보를 사용하여 질문에 답하기	문항별 3초	15/15/30초	각 3점
Q 11	1개	의견 제시하기	45초	60초	각 5점

- 문항별로 문항 수, 준비 시간과 답변 시간이 다릅니다.
- 시험 화면의 하단에 문항별 타이머가 계속 보입니다.
- 문항별로 배점이 달라 이에 따른 점수 환산도 달라집니다.

5 점수별 등급

등급	점수
Advanced High	200
Advanced Mid	180-190
Advanced Low	160-170
Intermediate High	140-150
Intermediate Mid 3	130
Intermediate Mid 2	120
Intermediate Mid 1	110
Intermediate Low	90-100
Novice High	60-80
Novice Mid / Low	0-50

도서 특장점

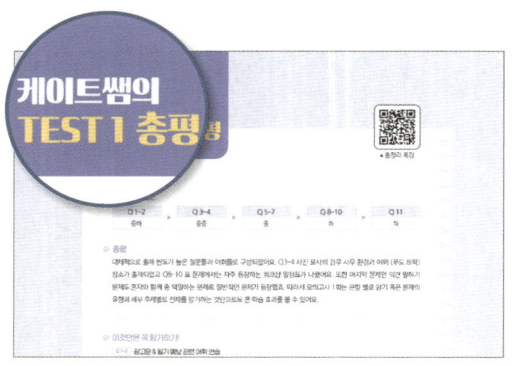

본 도서에서만 만날 수 있는 저자의 모의고사별 난이도 분석 & 총평 특강 10회분!

모의고사-별 정확한 난이도와 케이트 강사의 꼼꼼한 총평 분석으로 독학을 하는 학습자에게 든든한 학습 가이드 라인을 제공합니다.
총평을 통해 문항별 필수 패턴과 암기 포인트를 익힐 수 있습니다.

토익스피킹 최신 출제 경향 및 트렌드 완벽 반영

토익스피킹 시험 정기 분석과 문제 변형을 통해 최신 기출 트렌드를 완벽히 반영하여, 시험에 자주 나오는 유형만을 수록하여 고득점 대비가 가능합니다.

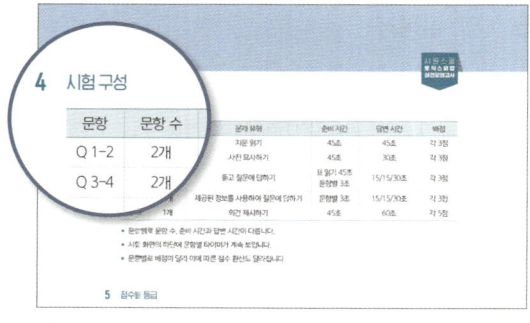

시험에 꼭 필요한 전략만 학습하는 핵심 이론

'토익스피킹 시험은 전략이다'라는 강의 철학을 바탕으로 필요한 만큼만 학습 후 고득점을 달성할 수 있도록 핵심 이론만을 수록했습니다.

현장 강의 15년의 노하우를 모두 담은 꼼꼼한 해설과 고득점 대비 밀착 팁

케이트 강사의 현장 강의에서만 들을 수 있는 실전 대비 필수 노하우와 고득점 팁을 모두 공개합니다.

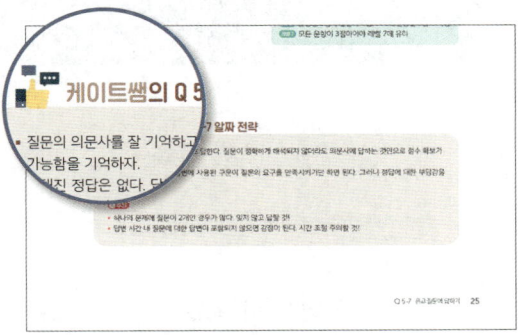

시험장에 들고 가는 Q 3-4, Q 11 만능 표현과 필수 어휘 200

시험장에 들고 가서 최종 복습을 돕는 Q 3-4, Q 11 만능 표현과 토익스피킹 필수 어휘 200을 통해 시험 당일까지 완벽한 학습을 제공합니다.

*교재 뒷부분의 절취 가능한 자료를 통해 확인하실 수 있습니다.

저자 직강 유료 온라인 강의

실전 모의고사의 체계적인 학습을 위해 저자 직강 온라인 강의를 제공합니다.
자세한 정보는 시원스쿨LAB 사이트를 확인해주세요.

도서 구매 독자들에게 제공되는 저자 특강 및 원어민 MP3 음원은 시원스쿨LAB 사이트를 참고해주세요. (lab.siwonschool.com)

학습 플로우

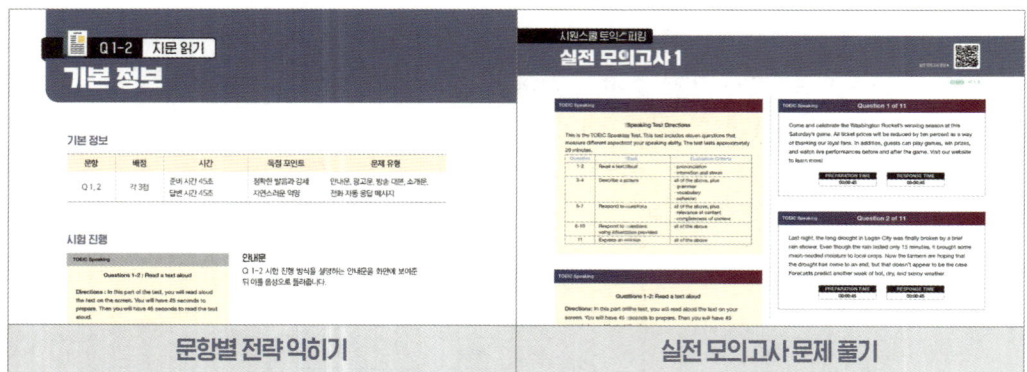

| 문항별 전략 익히기 | 실전 모의고사 문제 풀기 |

문항별 핵심 전략을 통해 시험에 꼭 필요한 이론과 고득점 대비 접근법을 학습합니다.

MUST!
· 문항별 핵심 전략 익히기
· 문항별 전략 학습 후 OX Quiz 풀어보기

토익스피킹 실제 시험 환경과 유사한 문제 영상을 통해 최신 기출 경향을 완벽히 반영한 문제를 풀어봅니다.

MUST!
· QR 코드 인식으로 모의고사 문제 영상 풀기
· Scratch Paper 활용해 필기 연습하기
· 자신의 답변 녹음하기

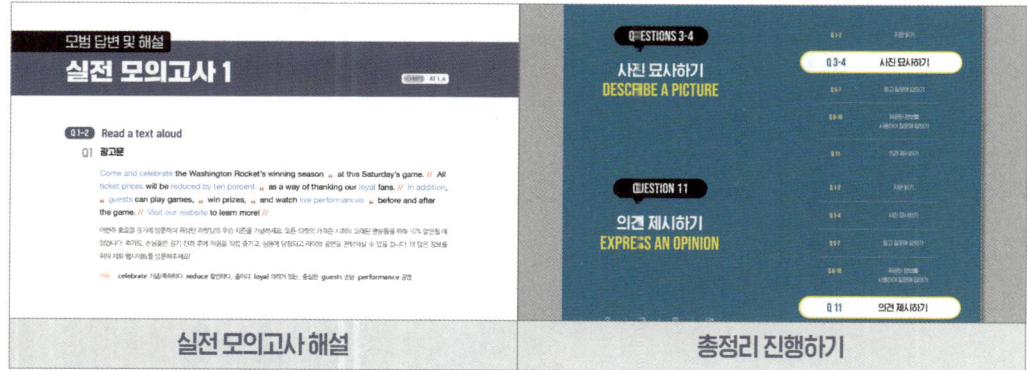

| 실전 모의고사 해설 | 총정리 진행하기 |

꼼꼼한 해설과 정확한 난이도 분석으로 오답 노트식 학습을 진행합니다. 케이트 쌤의 총평 분석 특강을 통해 이것만은 꼭 외워야 하는 필수 표현과 모의고사별 난이도를 확인합니다.

MUST!
· 녹음된 답변으로 취약점 파악하기
· QR 코드로 케이트 쌤의 총평 분석 특강 듣기
· 총평에 제공된 필수 표현 암기하기

모의고사 전체 복습과 도서 뒷부분의 '시험장에 들고 가는 Q 3-4, Q 11 만능 표현' 및 '토익스피킹 필수 어휘 200'을 학습합니다. 절취 가능한 부록의 자료는 시험 직전 최종 복습에도 활용할 수 있습니다.

MUST!
· 교재 뒷부분의 부록 자료로 학습하기

학습 플랜

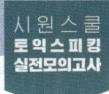

7일 완성 플랜

Day 1	Day 2	Day 3	Day 4	Day 5	Day 6	Day 7
핵심 전략	실전 모의고사 1-2회	실전 모의고사 3-4회	실전 모의고사 5-6회	실전 모의고사 7-8회	실전 모의고사 9-10회	전체 복습 및 총정리

- 하루에 모의고사 2회분을 풀어보고 틀리거나 답변이 어려웠던 문항들을 복습합니다.
- 학습 첫째날은 문항별 핵심 전략을 꼼꼼하게 총정리해 주세요.
- 핵심 전략의 문항별 필수 표현과 모르는 어휘를 정리해 암기합니다.

14일 완성 플랜

Day 1	Day 2	Day 3	Day 4	Day 5	Day 6	Day 7
핵심 전략	실전 모의고사 1회	실전 모의고사 2회	실전 모의고사 3회	실전 모의고사 4회	실전 모의고사 5회	실전 모의고사 6회
Day 8	Day 9	Day 10	Day 11	Day 12	Day 13	Day 14
실전 모의고사 7회	실전 모의고사 8회	실전 모의고사 9회	실전 모의고사 10회	전체 복습 및 총정리	전체 복습 및 총정리	전체 복습 및 총정리

- 하루에 모의고사 1회분을 풀어보고 전체적인 문항별 총평을 확인합니다.
- 매일 모의고사 풀이 전 문항별 핵심 전략을 복습해주면 더욱 좋습니다.
- 마지막 3일동안 빈출 문항별 표현과 어휘를 정리하고 어려웠던 문항들을 총정리하여 복습합니다.

케이트쌤의 학습 순서 추천

1 모의고사 문제 풀기
- 모의고사별 QR 코드 인식으로 모의고사 영상에 따라 문제 풀기
- Scratch Paper를 활용해 노트테이킹 실전 감각 익히기
- 반드시 답변 녹음하고 들어보기

2 셀프 점검하기
- 문항별 답변을 들어보고 취약점 파악하기
- 답변이 어려웠던 문항은 다시 풀어보거나 복습하기

3 오답 노트식 복습하기
- 케이트쌤 총평 특강 듣기 (각 모의고사별 마지막 페이지)
- 총평 페이지 속 필수 표현 반드시 암기하기

목차

토익스피킹 기본 정보
도서 특장점
학습 플로우
학습 플랜

문항별 핵심 전략

Q1-2	지문 읽기	14
Q3-4	사진 묘사하기	18
Q5-7	듣고 질문에 답하기	24
Q8-10	제공된 정보를 사용하여 질문에 답하기	28
Q11	의견 제시하기	34

모범 답변 및 해설

실전 모의고사 1회	42
실전 모의고사 2회	50
실전 모의고사 3회	58
실전 모의고사 4회	66
실전 모의고사 5회	74
실전 모의고사 6회	82
실전 모의고사 7회	90
실전 모의고사 8회	98
실전 모의고사 9회	106
실전 모의고사 10회	114
노트테이킹 연습용 Scratch Paper	

실전 모의고사 총평 및 분석 특강 (QR 코드)
각 모의고사 해설 마지막 페이지의 케이트 쌤 총평 QR 코드를 휴대폰으로 인식해 실행해주세요.

실전 모의고사 문제	실전 모의고사 1회	4
	실전 모의고사 2회	9
	실전 모의고사 3회	14
	실전 모의고사 4회	19
	실전 모의고사 5회	24
	실전 모의고사 6회	29
	실전 모의고사 7회	34
	실전 모의고사 8회	39
	실전 모의고사 9회	44
	실전 모의고사 10회	49

부록	시험장에 들고 가는 Q 3-4 만능 표현
	시험장에 들고 가는 Q 11 만능 표현
	토익스피킹 필수 어휘 200
	*교재 뒷부분의 절취 가능한 부록 자료를 통해 확인하실 수 있습니다.

실전 모의고사 1회분 해설 강의 및 핵심 전략 특강 (온라인 제공)

도서 구매자들에게 제공되는 모의고사 1회분 해설 강의 및 핵심 전략 특강은 시원스쿨LAB 사이트에서 확인하실 수 있습니다. (lab.siwonschool.com)

시원스쿨

토익스피킹

실전 모의고사 10회

문항별 핵심 전략

Q 1-2 지문 읽기

Q 3-4 사진 묘사하기

Q 5-7 듣고 질문에 답하기

Q 8-10 제공된 정보를 사용하여 질문에 답하기

Q 11 의견 제시하기

Q1-2 지문 읽기
기본 정보

기본 정보

문항	배점	시간	득점 포인트	문제 유형
Q 1, 2	각 3점	준비 시간 45초 답변 시간 45초	정확한 발음과 강세 자연스러운 억양	안내문, 광고문, 방송 대본, 소개문, 전화 자동 응답 메시지

시험 진행

TOEIC Speaking

Questions 1-2: Read a text aloud

Directions : In this part of the test, you will read aloud the text on the screen. You will have 45 seconds to prepare. Then you will have 45 seconds to read the text aloud.

안내문
Q 1-2 시험 진형 방식을 설명하는 안내문을 화면에 보여준 뒤 이를 음성으로 들려줍니다.

TOEIC Speaking   Question 1 of 11

Dayton's café is celebrating its 5th anniversary. We will be providing musical performances, free samples of beverages and desserts. That's not all. We will also be providing coffee mugs as a gift, to fifty customers everyday.

PREPARATION TIME
00:00:45

준비 시간
"Begin preparing now."라는 음성과 함께 지문을 미리 읽을 45초의 준비 시간이 주어집니다.

TOEIC Speaking   Question 1 of 11

Dayton's café is celebrating its 5th anniversary. We will be providing musical performances, free samples of beverages and desserts. That's not all. We will also be providing coffee mugs as a gift, to fifty customers everyday.

RESPONSE TIME
00:00:45

답변 시간
"Begin reading aloud now."라는 음성과 함께 '삐' 소리가 난 후 지문을 읽을 45초의 답변 시간이 주어집니다.
1번 문항의 답변 시간이 끝나면 2번 문항으로 두 번째 지문이 등장하며, 동일한 방식으로 시험이 진행됩니다.

ETS 채점 정보

0점	▪ 답변이 없거나 답변이 주제와 전혀 관련 없음
1점	▪ 발음과 억양이 적절하지 않음 ▪ 다른 언어적 영향이 상당히 있음
2점	▪ 발음과 억양이 대체적으로 적절함 ▪ 그러나 사소한 실수와 다른 언어적 영향을 포함함
3점	▪ 발음과 억양이 적절하고 효과적임 ▪ 약간의 발음 실수나 다른 언어적 영향을 포함함

> **등급별 목표 점수**
> IM - IH 문항별 3점
> IH - AL+ 문항별 3점

 케이트쌤의 Q 1-2 알짜 전략

- 준비 시간에 반드시 지문을 한 번 빠르게 훑어 읽을 것!
- 준비 시간에 낯선 어휘나 고유명사를 미리 연습한다. (강세 없이, 철자가 읽히는 그대로 읽으면 됨)
- 원어민처럼 읽으라 한 적 없다! 지문의 어휘와 내용이 적절히 잘 전달되는 것을 목표로 할 것

❶ 주의
- 고사장에 따라 시험장이 떠나갈 듯 시끄러울 수 있으나, 당황하지 말 것!
- 답변 시간 내 완성이 중요하고 지문은 한 번만 잘 읽으면 됨!
  답변 시간이 많이 남아도 괜찮으니 시간이 남았다면 차분히 대기하자.

Q 1-2 지문 읽기

답변 전략

초집중 공략

준비 시간 45초, 노트테이킹 X
- 주어진 지문을 빠른 속도로 한 번 읽는다. 특정 단어에서 시간을 오래 끌지 않도록 주의한다. 시간이 남는다면 발음이 어려웠던 부분을 찾아 부분 연습을 해도 좋다. 그렇지 않으면 지문을 한 번 더 읽으며 목을 푸는 것도 하나의 방법이다.

답변 시간 45초, 노트테이킹 X
- 녹음이 될 정도의 소리로 읽어주면 된다. (소리를 지르지 않아도 됨!)
- 지문이 전달하고자 하는 주요 내용이 담긴 어휘들 위주로 전달력 있게 읽는다.
  읽는 과정에서 실수가 있다면 틀린 부분만 고쳐 읽고 내용을 이어가는 게 좋다.

전략 1 발음과 강세에 유의하여 지문 읽기

발음: 틀리지 않도록 주의

원어민급 발음에 신경을 쓰기보단, 상대방이 들었을 때 이해할 수 있는 정도의 발음이면 충분합니다. 낯선 단어는 준비 시간에 미리 준비합니다. 음절 단위로 끊어 철자의 발음에 충실하며 읽습니다.

enthusiastic	atmosphere	Varmonsville
en / thu / si / as / tic	at / mos / phere	Var / mons / ville

강세: 위치와 길이에 주의

강세에는 나름의 규칙은 있지만 시험 중 세부 요소까지 떠올리기는 쉽지 않습니다. 그러므로 빈출 어휘는 미리 암기하고 연습하도록 합니다. 또한, 강세의 위치를 모르는 경우에는 강세없이 자연스럽게 흐르듯 읽어 넘기도록 합니다.

exhibit	opportunity
(짧은 강세) ex **hi** bit	(긴 강세) oppor **tu:** nity

전략 2 억양에 유의하여 지문 읽기

억양: 끊어 읽기(..)를 통해 전달력 있는 억양 살리기

주로 부호, 대문자, 전치사구와 절 등의 단위로 끊어 읽으면 내용 전달에 큰 도움이 됩니다. 문장이 끝날 때는 억양을 내리고, 그 외의 지점들은 억양을 내리지 않고 유지합니다.

Ladies and gentlemen, .. we are now here .. at Adams Park. ↘ //
And on your right, .. you can see the beautiful sunset. ↘ //

또한, 지문의 종류에 따라 전체적인 톤과 억양을 정할 수 있습니다. 필수는 아니지만 전달력 향상에 큰 도움이 되므로 참고해 학습합니다.

- 관광 안내문 및 안내 방송: 정보 전달을 목적으로 하는 안내 방송 지문의 특성상 차근 차근 끊어 읽기
- 광고문: 지문의 특성을 살려 목소리를 키우고 활기차게 읽기, 나열 구조의 끊어 읽기와 억양에 주의
- 방송 대본(미디어, 일기 예보): 발음하기 힘든 낯선 이름도 자주 출제되므로 차분히 또박 또박 읽기
- 소개문(인물/프로그램): 행사의 내용이나 등장 인물 등을 소개하는 지문으로, 이름, 시간, 날짜 등의 숫자에 유의
- 전화 자동 응답 메시지: 상점 영업 시간이나 그 외 다양한 정보를 전달하는 목적의 지문으로, 명확하고 차분하게 읽기

Q 1-2 O X Quiz!

1 단어를 읽다가 실수를 했다. 그리고 그 단어를 고쳐 읽고 넘어갔다. 실수를 했으나 고쳤으므로 감점은 없다. [O X]

2 답변 시간에 한 번 읽고, 시간이 남아 두 번째 읽는 중에 시간이 다 되어 끊겼다. 말하다 끊겼으니 감점이다. [O X]

3 Vietnam이란 단어가 나왔다. 당연히 [베트남]이라고 읽었다. 그런데 이게 웬일, 다들 미국식 영어로는 [비엣남]이라고 읽어야 한다고 하니 감점일 것이다. [O X]

4 답변 시간 중, 한 번 읽었더니 15초가 지났다. 남은 30초는 가만히 있었다. 내용을 다 읽었으니 30가 남아도 감점이 없을 것이다. [O X]

5 크게 또박또박 읽느라 연음을 안 한 것 같다. one of them을 [워놉뎀]이 아니라, [원 옵 뎀]이라 읽었다. 유창한 발음이 아니니 감점이 될 것 같다. [O X]

피드백 O X X O X
1 수정해서 말한 단어의 발음이 맞다면 감점은 없습니다.
2 한 번을 제대로 읽었다면, 두 번째 읽기는 끊겨도 감점이 없습니다.
3 고유명사는 발음이 조금 틀려도 감점이 없습니다.
4 지문은 주어진 시간 내에 한 번만 읽으면 됩니다.
5 Q 1-2은 지문을 읽는 파트지 자연스러운 말하기를 요구한 것이 아니므로 연음이 안 된 것만으로는 감점이 되지 않습니다.

Q 3-4 사진 묘사하기

기본 정보

기본 정보

문항	배점	시간	득점 포인트	문제 유형
Q 3, 4	각 3점	준비 시간 45초 답변 시간 30초	정확한 문법 적절한 어휘 선택 사진과의 연관성 시간 내 충분히 말하기	인물 묘사 사물/배경 묘사

시험 진행

TOEIC Speaking

Questions 3-4: Describe a picture

Directions : In this part of the test, you will describe the picture on your screen in as much detail as you can. You will have 45 seconds to prepare your response. Then you will have 30 seconds to speak about the picture.

안내문
Q 3-4 시험 진행 방식을 설명하는 안내문을 화면에 보여준 뒤 이를 음성으로 들려줍니다.

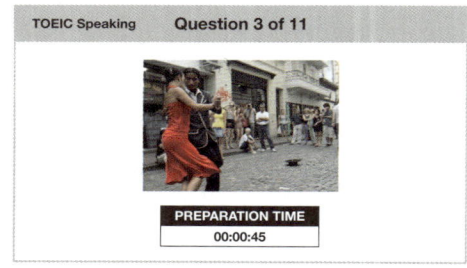

준비 시간
"Begin preparing now."라는 음성과 함께 45초의 준비 시간이 주어집니다.

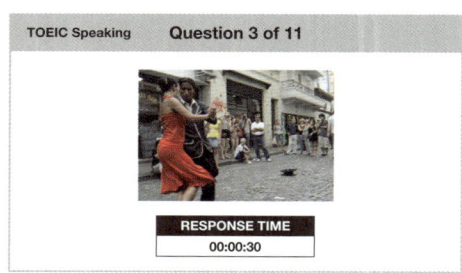

답변 시간
"Begin speaking now."라는 음성과 함께 사진을 묘사할 30초의 답변 시간이 주어집니다. 답변 시간이 끝나면 두 번째 사진이 등장하며, 동일한 방식으로 진행됩니다.

ETS 채점 정보

0점	답변이 없거나 답변이 주제와 전혀 관련 없음
1점	답변이 사진과 관련이 있을 수 있지만 전달하는 내용이 매우 제한적임 • 답변이 중단되는 시간이 길고 자주 멈칫하여 이해하는 데 상당한 노력이 요구됨 • 선택한 어휘가 의미를 방해하며 단어 선택이 매우 반복적임
2점	답변이 사진과 관련은 있지만 중요한 내용을 빠트리거나 중요하지 않은 세부사항을 장황하게 설명함 • 전반적으로 순조롭게 답변하지만, 이해하는 데 약간의 노력이 요구됨 • 어휘가 제한적이거나 때때로 부정확함 • 사용된 구문이 제한적이며 전반적인 내용 이해를 방해함
3점	답변이 사진과 관련이 있으며 적절한 세부사항을 포함함 • 대부분의 답변이 순조롭고 일관되며, 이해하는 데 어려움이 거의 없음 • 어휘가 정확하며 사진과 관련이 있음

> 등급별 목표 점수
> IM – IH 3점
> IH – AL+ 3점

케이트쌤의 Q 3-4 알짜 전략

- 준비 시간에 묘사 순서를 대략 정해서 미리 연습해볼 것!
- 사진의 내용 중 표현하기 어려운 부분이 있을 경우에는, 중심 대상이 아니라면 무시하고 다른 부분들로 시간을 채운다. 중심 묘사 대상이라면 추상적인 접근이라도 한다.
  - 예) welding something (용접을 하는 중) → using some tools (도구를 사용 중)
    scooping soup with a ladle (국자로 수프를 뜨는 중) → holding a kitchen tool (주방 도구를 들고 있는 중)

> ⚠ 주의
> - 사진의 핵심이라고 생각되는 중심 대상의 묘사를 우선시한다.
> - 답변 시간 내 최대한 구체적인 묘사를 할 수 있도록 연습한다. 평소에 타이머를 세팅하여 연습하고, 시간 내 답변 가능한 평균 문장의 수도 파악해둔다.

Q 3-4 사진 묘사하기

답변 전략

초집중 공략

준비 시간 45초, 노트테이킹 X
- 사진의 묘사 순서를 대략 정하고 미리 연습한다.

답변 시간 30초, 노트테이킹 X
- 문장의 핵심 단어가 들리게 말한다.
- 사진의 중심 묘사 대상을 반드시 언급한다.
- 접속사를 이용하여 내용의 흐름을 자연스럽게 만든다.

전략 1 · 사진 묘사의 전체적인 순서를 정하고 장소 추측하기

사진을 어떤 순서로 묘사할지 정해두면 답변 시간을 효율적으로 활용할 수 있습니다.

장소 ▶ 중심 대상 ▶ 주변 대상 ▶ 배경/느낌

장소를 묘사할 때 사용할 수 있는 표현들을 익혀둡니다.
This is a picture of a/an 장소.
I would say this is a picture taken 전치사 + 관사 + 장소.

전략 2 · 중심 대상을 시작으로 구도에 따라 사진 묘사하기

묘사 대상이 어디에 위치해 있는지에 따라 사진의 구도를 나눌 수 있습니다.

	뒤 In the back (of the picture)	
왼쪽 On the left (side of the picture)	중간/가운데 In the middle (of the picture)	오른쪽 On the right (side of the picture)
	앞 In the front (of the picture)	

구도 표현과 함께 대상이 있음을 소개합니다.
There is a/an 묘사 대상. or There are 묘사 대상.
I see 묘사 대상.

전략 3 주변 대상 묘사하기

인물의 경우에는 의상 → 자세 + 동작을 순으로 묘사하고, 실력이 된다면 해당 인물에 대한 추측을 더합니다.
사물의 경우 형용사를 활용하여 수량, 색, 크기 등을 먼저 설명한 뒤, 구성이나 특징의 세부 묘사를 진행합니다.

인물

의상	자세 + 동작	추측
wearing a suit 정장을 입고 있는	**sitting at a table** 테이블에 앉아있는	**It seems like it's a sunny day.** 화창한 날인 것 같습니다.
in casual clothes 캐주얼한 옷을 입고 있는	**walking along the street** 길을 따라 걷고 있는	**I think they are co-workers.** 그들은 동료인 것 같습니다.
wearing glasses 안경을 쓰고 있는	**talking on the phone** 전화 통화 중인	**He/She seems tired.** 그/그녀가 피곤해 보입니다.
	looking at something 무언가를 보고 있는	

사물

수량	색	크기	구성/특징
a lot of trees 많은 나무	**brown** walls 갈색 벽	a **tall** building 높은 빌딩	**It has** numbers and signs on it. 숫자와 기호가 있습니다.
some equipment 몇 개의 장비	a **red** sign 빨간색 간판/표지판	**big** windows 큰 창문	They **are open/closed**. 열려/닫혀 있습니다.
a few people 몇몇 사람들	a **black** car 검은색 차	a **small** lamp 작은 램프	It's **on/off**. 켜져/꺼져 있습니다.

전략 4 배경 묘사하고 전반적인 느낌 추가하기

I think ~, It seems ~, It looks ~ 등의 표현을 활용해 배경을 묘사하고 사진의 전반적인 느낌을 추가합니다.

인물 추측
직업, 관계, 표정으로 유추한 감정/상태 등

He **looks** happy.
I **think** she is the owner of the store.

그는 행복해 보입니다.
그녀가 상점의 주인인 것 같습니다.

배경 추측
사진의 전체적인 분위기, 날씨 등

The weather **seems** nice.
It seems like they are having a business meeting.

날씨가 좋아 보입니다.
비즈니스 회의를 하는 중인 것 같습니다.

Q 3-4 최빈출 표현 암기하기

사무실 (office)
It seems like everyone's busy working.
모두가 일을 하느라 바빠 보입니다.

They seem to be co-workers.
그들은 직장 동료인 것 같습니다.

I see some devices and equipment here and there.
여기 저기에 기기와 장비가 보입니다.

거리 (street)
It's crowded with people.
사람들로 북적입니다.

I see some buildings along the street.
길을 따라 몇 개의 빌딩이 보입니다.

Some cars are parked along the sidewalk.
인도를 따라 몇 대의 차가 주차되어 있습니다.

There's heavy traffic on the road.
도로에 심한 교통체증이 있습니다.

I see many signs and traffic lights here and there.
여기 저기에 많은 사인과 신호등이 보입니다.

상점 (store)
Some items are displayed on the shelves.
선반에 몇 개의 상품이 진열되어 있습니다.

Some items are hanging on the rack.
받침대에 몇 개의 상품이 걸려 있습니다.

The items are neatly arranged.
상품이 깔끔히 정리되어 있습니다.

I see lights here and there, and they are on.
여기 저기에 등이 보이고, 켜져 있습니다.

자연&공원 (nature&park)
It looks very calm and peaceful.
매우 조용하고 평화로워 보입니다.

I see some bushes by the lake.
호수를 따라 관목이 보입니다.

The weather seems nice.
날씨가 좋아 보입니다.

It looks a bit cloudy.
조금 흐려 보입니다.

만능 집합 명사 및 기타

사진의 내용 중 묘사하기 어려운 부분이나 정확한 단어를 모르는 대상이 있다면 아래의 집합 명사를 활용하여 추상적인 언급이라도 진행합니다.

signs	표지판, 공지, 간판 등
tools	국자, 빗자루, 삽, 스포이드, 망치 등 도구류
devices	블루투스 장비들, 폰, 태블릿 등 전자기기류
equipment	스피커 및 음향 장비, 기기류, 경운기 등 장비류
furniture	협탁, 옷장, 거실장 등 가구들
containers	무언가를 담을 수 있는 용기들
plants	실내 화분, 실외 식물들
water	연못, 호수 등

Q 3-4 O X Quiz!

1 사진의 중앙에 크게 인력거를 타고 있는 사람이 있다. 인력거를 영어로 몰라 그 부분을 무시하고 다른 배경들 위주로 시간을 채웠다. 시간을 가득 채워 사진을 묘사했으니 감점은 없을 것이다. [O X]

2 사진을 열심히 묘사하다가 시간이 되어 배경 묘사 부분 중 말이 끊겼다. 문장을 완성하지 못했기 때문에 무조건 감점될 것이다. [O X]

3 문장과 문장 사이의 연결을 위해 and .. and .. and .. 를 10번은 쓴 것 같다. 단어의 반복이 심했으니 감점이다. [O X]

4 사진 묘사 중, 묘사할 소재가 부족해서 주관적인 생각을 말했다. There are some apples on the table. They look fresh and delicious. I love apples. 사진 속의 사과를 보면서 사과에 대한 내 생각을 말했으므로 채점자도 인정해줄 것이다. [O X]

5 묘사 중, ummm .. ummm .. 을 한 10번은 한 것 같다. 말 속도는 원래 빠르고 사진에 대해 충분히 10문장은 묘사했다. 그리고 발음도 비교적 좋다고 듣는 편이다. 그러나 ummm을 많이 해서 감점이 될 것 같다. [O X]

피드백 X X X O X

1 사진의 중심 묘사 대상을 무시하면 감점이 됩니다. Some kind of transportation/vehicle 등 추상적일지라도 중심 대상에 대한 언급은 해야 합니다.
2 문장이 끊겼다는 이유로 감점이 되진 않습니다. 중심 대상과 배경 묘사의 내용이 충분하다면 배경 묘사에서 내용이 끊겨도 감점은 없습니다.
3 연결사를 다양하게 사용할 필요는 없습니다.
4 사진에서 유추된 주관적인 생각은 허용됩니다. 대신 2-3문장을 넘지 않도록 합니다.
5 자주 멈칫하여 듣는이가 이해하는 데 어려움을 겪는다면 감점의 이유가 되지만, 충분한 분량의 묘사 내용을 알아들을 수 있게 전달했다면 ummm의 사용만으로 감점이 되진 않습니다.

Q 5-7 듣고 질문에 답하기

기본 정보

기본 정보

문항	배점	시간	득점 포인트	질문 유형
Q 5, 6, 7	각 3점	준비 시간 문항별 3초 답변 시간 15/15/30초	주제 관련성 시간 내 답변 완성 문장/내용 완성도	설문 조사 지인과의 통화

시험 진행

TOEIC Speaking

Questions 5-7: Respond to questions

Directions : In this part of the test, you will answer three questions. You will have three seconds to prepare after you hear each question. You will have 15 seconds to respond to Questions 5 and 6 and 30 seconds to respond to Question 7.

안내문
Q 5-7 시험 진행 방식을 설명하는 안내문을 화면에 보여준 뒤 이를 음성으로 들려줍니다.

TOEIC Speaking

Imagine that a US marketing firm is doing research in your country, and you have agreed to participate in a survey about coffee shops.

상황 설명
화면 상단에 설문 조사나 지인과의 통화 상황의 유형을 설명하는 안내문이 등장합니다. 이 때, 대화의 주제가 소개됩니다.

TOEIC Speaking   Question 5 of 11

Imagine that a US marketing firm is doing research in your country, and you have agreed to participate in a survey about coffee shops.

What is your favorite beverage in a coffee shop and when was the last time you drank it?

PREPARATION TIME	RESPONSE TIME
00:00:03	00:00:15

준비 시간 & 답변 시간
5번 문제를 읽어준 뒤, "Begin preparing now."라는 음성과 함께 3초의 준비 시간이 주어집니다. 3초의 준비 시간이 끝난 후에는 15초의 답변 시간이 주어집니다. 동일한 방식으로 6번 문제(준비 시간 3초, 답변 시간 15초)와 7번 문제(준비 시간 3초, 답변 시간 30초)가 진행됩니다. 단, 7번 문제는 답변 시간이 30초임에 유의합니다.

ETS 채점 정보

0점	답변이 없거나 답변이 주제와 전혀 관련 없음
1점	답변이 주제를 적절하게 다루지 못함 - 답변을 이해하는 데 상당한 노력이 요구됨 - 어휘가 부정확하거나 화면에 제시된 단어에 의존해 이를 되풀이 함
2점	답변이 주제와 관련이 있지만 때때로 의미가 모호함 - 어휘가 제한적이거나 다소 부정확하지만 전반적인 의미는 명확함
3점	답변이 주제를 적절하게 다룸 - 답변 대부분이 순조롭고 일관되며 이해하는 데 어려움이 거의 없음 - 어휘 선택이 적절하고 정확함 - 사용된 구문이 질문의 요구를 만족시킴

> **등급별 목표 점수**
> **IM - IH** 문항별 3점이 안전하지만, 1~2개 문항은 2점도 가능
> **IH - AL+** 모든 문항이 3점이어야 안전

케이트쌤의 Q 5-7 알짜 전략

- 질문의 의문사를 잘 기억하고 답한다. 질문이 정확하게 해석되지 않더라도 의문사에 답하는 것만으로 점수 확보가 가능함을 기억하자.
- 정해진 정답은 없다. 답변에 사용된 구문이 질문의 요구를 만족시키기만 하면 된다. 그러니 정답에 대한 부담감을 버리도록 하자.

🔸 **주의**
- 하나의 문제에 질문이 2개인 경우가 많다. 잊지 않고 답할 것!
- 답변 시간 내 질문에 대한 답변이 포함되지 않으면 감점이 된다. 시간 조절에 주의할 것!

Q 5-7 듣고 질문에 답하기
답변 전략

초집중 공략

준비 시간 3초, 노트테이킹 X
- 각 문항별 질문의 개수를 인지하고 핵심 단어들 위주로 빠르게 해석한다.

답변 시간 15/15/30초, 노트테이킹 X
- 질문이 묻는 내용에 올바르게 답변한다. 시간 내 답변 완성이 중요하므로 답변 시간이 15초인 5번과 6번 문항은 특히 짧고 간략하게 말하도록 한다.

전략 1 상황 설정문을 통해 주제 파악하기

주제를 파악해야 이와 관련된 내용으로 답할 수 있으므로(득점 포인트), 상황 설정문 about 뒤의 키워드에 집중합니다.

Imagine that a US marketing firm is doing research in your country, and you have agreed to participate in a survey about reading habits. ➡ 주제: 독서 습관

Imagine that you are talking on the telephone with a friend. You are talking about your friend's upcoming trip to your city. ➡ 주제: 친구의 방문&당신의 도시

전략 2 각 문항별 출제 특징을 익히고 질문의 핵심 파악하기

문항별 출제 특징을 알아두고 질문의 요점을 파악하는 것이 중요합니다. 의문사와 주요 내용어들을 조합하면 질문의 핵심 파악이 가능합니다. Q 5-7에서는 질문이 화면에 보이므로, 질문의 핵심을 어렵지 않게 파악할 수 있습니다.

Q5	• 두 개의 의문사로 두 가지 정보를 질문 • 시간, 장소, 사람, 빈도 등 간단한 정보 문의	• How often and where do you usually ~? 얼마나 자주 그리고 어디에서 주로 ~하나요? • When was the last time ~ and what did you ~? 언제 마지막으로 ~했으며 무엇을 ~했나요?
Q6	• 간단한 정보 외에 선호도, 의견, 장단점 등을 가볍게 문의 • 기본 의문문에 why or why not?을 사용해 이유를 질문	• Do you think ~? ~라고 생각하나요? • Do you often ~? Why or why not? 자주 ~하나요? 이유는 무엇인가요? • Would you rather A or B? A할 것인가요 B할 것인가요?
Q7	• 제안이나 의견을 구체적으로 질문	• What is the most important thing to consider when you ~? Why? ~할 때 무엇을 가장 중요하게 생각하나요? 이유는 무엇인가요? • What are some disadvantages of ~? ~의 단점은 무엇인가요?

전략 3 시간 내 답변 완성하기

평가 기준 중 내용 완성도를 충족시켜야 합니다. 5번과 6번은 질문이 2개씩 있는 경우가 많으므로 두 개의 질문에 답변할 수 있도록 문장을 짧고 간결하게 만들어 시간 내 답하도록 합니다. 7번 문항은 답변 시간이 30초로 길기 때문에 4-5문장 정도는 만들어 답변 시간을 적당히 채워줍니다. 순발력 있는 답변을 위해 빈출 의문사 유형에 따른 답변 패턴을 익혀두는 것도 큰 도움이 됩니다.

기본 의문사	When ~ ? 언제	하루 in the morning/afternoon/evening, at night 일주일 on weekdays, on weekends
	Where ~ ? 어디서	at 장소, in the neighborhood, at home, at work, at school
	Who do you ~ with? 누구와 함께	with my family, friends, neighbors, relatives, colleagues, co-workers
	When was the last time ~ ? 언제 마지막으로	The last time was 기간 ago.
How 의문사	How do you get to ~ ? 이동 방법	I walk/drive/take a bus/take a subway to 장소.
	How far is the nearest ~ ? 거리	It takes about _____ minutes by bus/on foot.
	How often ~ ? 얼마나 자주	every 기간 once/twice/_____ times a(n) 기간

Q 5-7 O X Quiz!

1 6번 문항에서 질문이 2개가 있었다. 두 개의 질문 중, 하나는 답을 완성했고 나머지 답을 하다 말이 끊겼다. 감점일 것이다. [O X]

2 5번에서는 운동을 좋아한다고 했는데, 6번 문항에서는 운동을 싫어한다고 했다. 내 말의 앞뒤가 안 맞으니 감점이다. [O X]

3 가장 좋아하는 과자를 묻는 질문에 새우깡이라고 대답하며 코리안 스낵이라고는 했지만, 미국인 채점자가 새우깡을 알 확률이 높지 않으니 감점일 것이다. [O X]

4 답변 시간을 알리는 '삐' 소리가 나고 5초 정도 침묵하다가 답변을 시작했다. 질문에 대한 답을 하긴 했으니 감점은 안 될 것이다. [O X]

5 3개의 문항 모두 약간의 문법 실수로 조금씩 감점된 것 같다. 3문항 다 감점이니 이와 함께 내 IH의 꿈도 끝난 듯하다. [O X]

피드백 O X X O X
1 질문이 2개라면 모든 질문에 답변해야 합니다. 2 답변의 방향은 최대한 통일시키는 것이 좋습니다. 하지만 모든 문항을 한 명의 채점자가 매기는 것이 아니므로, 각 문항에 충실히 답하는 것이 더 중요합니다. 3 고유명사를 쓰면 감점된다는 언급은 어디에도 없습니다. 채점자가 과자 이름으로 판단/유추할 수 있는 정도의 전달력이라면 답변으로 인정됩니다. 4 답변을 바로 시작하지 않았다고 감점은 아닙니다. 시간 내 답변만 완성하면 감점되지 않습니다. 5 Q 5-7와 4를 합쳐 6개의 문항 중 3개를 만점 받으면 IH는 넘길 수 있으므로 아직 IH를 포기하기엔 이릅니다.

Q 8-10 제공된 정보를 사용하여 질문에 답하기

기본 정보

기본 정보

문항	배점	시간	득점 포인트	표 유형
Q 8, 9, 10	각 3점	표 읽기 45초 준비 시간 문항별 3초 답변 시간 15/15/30초	주제 관련성 시간 내 답변 완성 문장/내용 완성도	행사 일정표 개인 일정표 기타 (이력서, 영수증)

시험 진행

안내문
Q 8-10 시험 진행 방식을 설명하는 안내문을 화면에 보여준 뒤 이를 음성으로 들려줍니다.

준비 시간 (표 읽기)
표가 화면에 등장한 뒤 표를 읽을 45초의 준비 시간이 주어집니다. 그 뒤, 상황을 설명하는 나레이션을 들려줍니다. 준비 시간 이후에도 표는 화면에 계속 표시됩니다.

준비 시간 & 답변 시간
나레이션 후 8번 문제를 읽어준 뒤, "Begin preparing now."라는 음성과 함께 3초의 준비 시간이 주어집니다. 3초의 준비 시간이 끝난 후에는 15초의 답변 시간이 주어집니다. 동일한 방식으로 9번 문제(준비 시간 3초, 답변 시간 15초)와 10번 문제(준비 시간 3초, 답변 시간 30초)가 진행됩니다.

TIP 10번 문제는 두 번 들려줍니다.

Q1-2 Q3-4 Q5-7 | Q 8-10 | Q11

ETS 채점 정보

0점	답변이 없거나 답변이 주제와 전혀 관련 없음
1점	답변이 주제를 적절하게 다루지 못하고 표의 정보가 없거나 부정확함 • 답변을 이해하는 데 상당한 노력이 요구됨 • 어휘가 부정확하거나 화면에 제시된 단어에 의존해 이를 되풀이함
2점	답변이 대체적으로 적절하지만, 표의 정보가 부분적으로 부족하거나 부정확함 • 어휘가 제한적이거나 다소 부정확하지만, 전반적인 의미는 명확함 • 구문 사용이 내용을 이해하는 데 약간의 노력을 요구함
3점	답변이 주제를 적절하게 다루며 표의 정보가 정확함 • 답변 대부분이 순조롭고 일관되며, 이해하는 데 어려움이 거의 없음 • 질문에 맞는 적절한 어휘를 사용하며 주제에 맞게 구문을 사용함

> **등급별 목표 점수**
> **IM - IH** 문항별 3점이 안전하지만, 1~2개 문항은 2점도 가능
> **IH - AL+** 모든 문항이 3점이어야 안전

케이트쌤의 Q 8-10 알짜 전략

- 준비 시간을 잘 활용해야 한다. 표의 흐름을 미리 읽어두면 답변을 빠르고 쉽게 찾을 수 있다.
- 화면의 표를 보면서 질문을 듣는다. 그래야 답변을 찾기가 수월하다.
- 8번 문항의 경우, 질문의 시작(앞)에 의문사들이 대게 등장하므로 앞 부분을 놓쳐선 안된다.
- 답변은 관련 있는 내용을 문장으로만 말하면 된다. 화려한 영작이나 어휘는 불필요!
- 표의 유형별로 빈출 어휘와 질문을 정리하면서 공부하도록 한다.

주의
- 시간 내 답변 완성이 가장 중요하다!
- 고유 명사 읽는데 시간을 낭비하지 않도록 할 것!
- 9번 문항의 경우 간혹 표에 없는 정보를 확인하기도 하지만, 정보를 찾을 수 없다고 말하면 되므로 당황하지 말 것!

Q 8-10 제공된 정보를 사용하여 질문에 답하기

답변 전략

준비 시간 표 읽기 45초/문항별 3초, 노트테이킹 X
- 전체적인 표의 구성과 내용, 분위기를 파악하고 핵심 정보를 스캔한다.
- 표의 종류에 따라 빈출 질문 유형을 미리 예상해본다.

답변 시간 15/15/30초, 노트테이킹 X
- 질문과 관련된 내용으로 답변하는 것이 중요하다. 시간 내 답변 완성도가 중요한데, Q 8-10의 경우 질문에 대한 명확한 답이 있으므로 이에 집중한다. 올바른 답변만 포함된다면 답변 시간이 남아도 감점되지 않는다.

전략 1 45초 준비 시간 동안 표의 종류와 전체적인 흐름 빠르게 파악하기

표의 종류와 흐름을 파악합니다. 표 상단의 제목이나 굵은 글씨 위주로 전체적인 틀과 구성을 봅니다. 표의 위에서부터 아래로 시선을 이동하며 특이 사항 및 중복되는 정보도 확인해 둡니다. 자주 출제되는 표의 유형과 특징은 아래와 같습니다.

컨퍼런스, 세미나, 회의 일정표
학회, 세미나, 워크샵, 회의 등 다양한 형태의 일정표 및 시간대별/날짜별 일정을 나열한 표로, 일정 중 다뤄지는 주제나 발표자 등의 정보가 출제됨

개인 일정, 여행(출장) 일정표
날짜/시간별 방문지와 세부 일정이 나열된 표로, 비행 일정, 숙박, 이동 수단 등이 포함되기도 함

이력서
지원자들의 이력서/지원서를 바탕으로 정보를 제공하는 형식으로, 지원자의 개인 정보, 지원 분야, 학력, 능력, 경력에 대한 구체적인 정보가 제공됨

일정 목록, 기타 일정표
시스템 점검 일정, 면접 일정, 행사 개최 목록 등 다양한 표를 포함하며, 시간과 시기를 정확하게 표현하는 연습이 중요함

전략 2 문항별 질문 유형 파악하기

문항별 출제 유형을 파악해두면 미리 질문을 예측할 수 있어 빠른 답변에 유리합니다.

Q8 직접 의문문의 질문	• 표의 최상단/하단, 혹은 굵은 글씨에서 자주 출제 • 의문사를 활용한 간단한 질문 2개 출제 (간혹 질문 1개인 경우도 있음) **Where** will the event take place, and **what time** does it begin? **Who** is giving the keynote speech, and **what** is it about?
Q9 정보를 확인하는 질문	• 표의 특이 사항이나 눈에 띄는 항목에서 자주 출제 • 정보를 확인하는 질문으로, 대부분의 경우 잘못된 정보를 찾아 수정해주길 기대함 간혹 표에 없는 정보를 확인할 수도 있으니 주의 I heard Luke Mandez will be leading a session on social media advertisement on Wednesday, **am I right**? Since I'm a member of the association, I don't have to pay for admission, **do I**?
Q10 특정 정보를 종합해 요약하는 질문	• 중복되는 정보를 위주로 출제 • 의문문이 아닌 평서문의 형태로 질문이 출제되기도 하므로 주의 I'm interested in the programs for advanced levels. **Can you tell me about them**? **I'd like you to give me some details** on her work experience.

표 예시

아래와 같은 표를 보며 각 문항이 출제될 만한 위치와 요소들을 살펴봅니다.

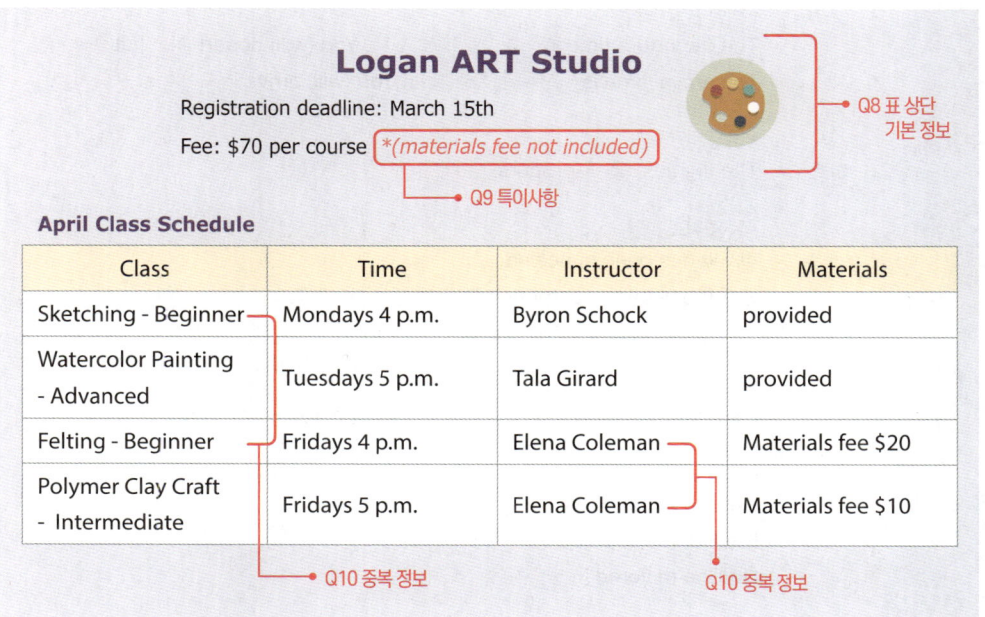

전략 3 **시간 내 답변 완성에 집중하기**

평가 기준의 내용 완성도를 충족시켜야 합니다. 8번 문항은 질문이 2개씩 있는 경우가 많으므로 두 개의 질문에 모두 답변할 수 있도록 문장을 짧고 간결하게 만듭니다. 9번 문항은 표에 등장하는 어휘를 그대로 쓰기보다 우회적으로 돌려 질문하는 경우가 많으므로 질문의 정확한 의도를 파악하기 어려울 때가 있습니다. 이럴 땐 표의 특이 사항 부분을 읽거나 질문의 핵심 어휘 관련 정보라도 언급해줍니다. 10번 문항은 말할 내용이 많을 수 있으므로, 시간 내 답변 완성에 더욱 주의합니다.

전략 4 **유형에 따른 답변 필수 패턴 익히기**

행사	• 행사 장소 The venue is 장소. The location is 장소. The event takes place at/in 장소. • 행사 종료 시간 It/The event ends at 시간. • 행사 참여 You (will) attend/take part in/participate in 행사. • 요구 조건 설명 You need 명사. / You need to/have to 동사원형. / You are required to 동사원형. 명사 is/are required/mandatory. • 2가지 일정 정리 There are two sessions. One is 일정 about 주제. The other is 일정 about 주제.
여행	• 비행 출발/도착 The departure time is 이륙 시간, 요일, 날짜. You (will) depart 출발지 at 출발 시간. The arrival time is 도착 시간, 요일, 날짜. You (will) arrive in 도착지 at 도착 시간. • 비행 시간 The flight is 비행 시간 hours. • 일정 취소 설명 취소 It has been canceled. 연기 It has been postponed to 연기된 날짜/시간. 　　 It has been pushed back.
이력서	• 학력 He/She got his/her Bachelor's/Master's degree in 전공, from 학교, in 연도. • 전공 He/She studied 전공 분야. His/Her major was 전공 분야. He/She majored in 전공 분야.

이력서

- 학교
  학교 정보 He/She studied in 학교 이름. / He/She graduated from 학교 이름.
  졸업 연도 He/She graduated in 연도. / He/She got his degree in 연도.

- 능력 설명
  He/She has 능력 skills.
  He/She is 성격 형용사.
  He/She is fluent in 언어.
  He/She is proficient in 능력.

- 경력 설명
  He/She was a/an 직업/직위/직책, in 회사명.
  He/She worked for 회사명, as a/an 직업/직위/직책.

- 면접 일정
  The interview time is 면접 시간.
  You will interview 면접자 at 면접 시간.

Q 8-10 O X Quiz!

1 8번 문항의 답변을 말하는데 관사를 빠트렸다. There is a presentation 대신 There is presentation이라고 말했다. 작지만 문법 실수이므로 100% 감점이다. [O X]

2 9번 문항에서 ~ is it correct?라고 물었다. 난 yes라고 했다가 몇 초 후, 잘못 말했음을 깨닫고 no로 고쳐 말하고 부연 설명을 했다. 고쳐 말했으니 감점이 안됐을 것이다. [O X]

3 질문이 요구하는 답변은 이미 했다. 그런데 시간이 남아 말을 덧붙이던 중, 답변 시간이 끝나 말이 끊겼다. 감점의 여지가 있다. [O X]

4 10번 문항에서 3개의 발표에 대해 자세히 설명해달라고 했다. 발표자, 발표 내용, 그리고 발표 장소를 말하느라 각 일정의 시간을 언급하는 걸 잊었다. 모든 내용을 다 말한 게 아니므로 무조건 감점이다. [O X]

5 10번 문항이 요구하는 부분을 표에 보이는 대로 모두 답했음에도 불구하고 시간이 15초가 남았다. 할 말이 없어서 그냥 가만히 있었다. 시간 내 답이 다 포함되었으니, 시간이 많이 남아도 난 감점이 없을 것이다. [O X]

피드백 X O X X O
1 주제 관련성과 문장 완성도가 가장 중요한 파트입니다. 의미에 방해가 되지 않는 선의 작은 문법 실수는 점수에 영향을 주지 않습니다.
2 고쳐 말한 내용이 표와 일치하고, 이러한 내용으로 일관되게 답변했다면 감점이 없습니다.
3 질문자가 요구하는 답을 이미 언급했다면 감점의 여지는 없습니다.
4 문제에서 시간을 반드시 언급해달라고 하지 않았고, 각 일정에 대해 골고루 설명했으므로 그 정도로는 감점이 되지 않습니다.
5 내용이 정확하다면 시간 내 답변 완성이 무엇보다 중요합니다.

Q 11 의견 제시하기

기본 정보

문항	배점	시간	득점 포인트	질문 유형
Q 11	5점	준비 시간 45초 답변 시간 60초	주제 관련성 답변 내용의 온-성도 문장 완성도	찬반형 선호/선택형 장단점 의견형

시험 진행

TOEIC Speaking

Question 11: Express an opinion

Directions: In this part of the test, you will give your opinion about a specific topic. Be sure to say as much as you can in the time allowed. You will have 45 seconds to prepare. Then, you will have 60 seconds to speak.

안내문
Q 11 시험 진행 방식을 설명하는 안내문을 화면에 보여준 뒤 이를 음성으로 들려줍니다.

TOEIC Speaking   Question 11 of 11

Do you agree or disagree with the statement that social networking service is a good way of advertising products?

PREPARATION TIME
00:00:45

준비 시간
11번 문제가 화면에 띄워진 상태에서 문제를 읽어준 뒤, "Begin preparing now."라는 음성과 함께 30초의 준비 시간이 주어집니다.

TOEIC Speaking   Question 11 of 11

Do you agree or disagree with the statement that social networking service is a good way of advertising products?

RESPONSE TIME
00:01:00

답변 시간
준비 시간이 끝나면 "Begin speaking now."라는 음성과 함께 문제가 화면에 띄워진 상태에서 답변 시간 1분이 주어집니다.

ETS 채점 정보

등급별 목표 점수
- IM–IH 3점 이상
- IH–AL+ 4점 이상

0점
답변이 없거나 답변이 주제와 전혀 관련 없음

1점
답변이 주제를 다루지 않음
- 답변이 질문에서 요구한 주장을 말하지 못하고 이해하기 어려움

2점
답변의 내용이 매우 제한되어 있거나 응답의 대부분을 이해하기 어려움
- 내용이 모호하거나 반복적이고 듣는 사람을 거의 혹은 전혀 의식하지 않음
- 문장으로 답하려 노력하지만, 발음, 문법, 어휘 모두 제한되며 자주 멈칫하고 미리 준비된 답변에 의존함

3점
주제를 조금은 다루지만, 전달에 문제가 있으며 군데군데 의미가 모호함
- 답변을 기본적으로 이해할 순 있지만, 발음, 어휘, 문법의 문제로 의미가 모호하고 어휘/문장의 사용이 제한적임

4점
주제를 적절하게 다루지만 생각을 표현하는 데는 실수가 다소 보임
- 답변이 일관적이며 질문에서 요구하는 관련된 정보를 전달하지만 세부 사항을 완벽하게 설명하지는 못함
- 발음, 억양, 속도, 어휘, 문법이 다소 제한적일 수 있지만 전반적인 내용을 이해하는 데 크게 영향을 미치지 않음

5점
답변이 매우 효과적이며 이해하기 쉽고, 일관적으로 구성됨
- 뚜렷한 생각의 진행을 보이며 질문에 요구된 관련 있는 정보를 전달함
- 답변이 대체적으로 적절한 속도로 명확하게 진행되며 발음, 문법, 문장 구조 등의 사용이 적절함

케이트쌤의 Q 11 알짜 전략

- 결론은 명확하게 하는 게 좋다. 결론이 명확할수록 내용의 전달력이 더해진다.
- 관련 경험이 있다면 경험담을 거론해도 좋다. 단, 어휘의 반복을 피하기 위해 자세한 묘사를 하도록 한다.
- 노트테이킹을 적극 활용하도록 한다. 핵심 어휘와 내용을 한국어/영어로 필기하면 준비 시간에 내용 정리를 빨리 할 수 있다. 화살표(→)를 이용하면 아이디어 전개를 쉽게 볼 수 있어 답변 시 도움이 된다.

주의
- 마무리로 결론을 다시 정리할 필요는 없다!
- 근거의 개수는 점수에 영향을 주지 않는다. 다만, 관련 있는 내용을 많이 말하는 것이 점수에 크게 기여한다!

Q 11 의견 제시하기

답변 전략

초집중 공략

준비 시간 30초, 노트테이킹 O
- 결론부터 내리고 결론부터 말한다. 그래야 근거를 말할 때 일관성있게 설경할 수 있다.
- 노트테이킹을 적극 활용한다. 결론 → 근거 1 + 부연 설명 → 근거2/예시/경험담 순으로 구성한다.

답변 시간 60초, 노트테이킹 X
- 결론 → 근거 1 + 부연 설명 → 근거2/예시/경험담 → 마무리(생략 가능)으로 답변하면 채점자가 흐름을 파악하기 쉽다. 결론은 미리 말했으므로, 마무리가 없다고 감점이 되진 않는다.

전략 1 | 질문 파악하고 결론부터 내리기

문장 해석에 핵심이 되는 내용어들 위주로 빠르게 해석하는 습관을 들이도록 합니다. 질문이 긴 경우에는 끊어 해석하면 도움이 됩니다. 질문 파악이 끝났다면 결론부터 명확하게 정합니다. 문제 유형별 결론 문장은 아래와 같습니다.

찬반형 찬성/반대(동의 여부)를 묻는 질문

Do you agree or disagree ~?

Do you think that ~?

→ I agree/disagree (with the statement) that <u>주제/주장</u>.

선택/선호형 A와 B 중 선호하는 것을 고르거나 제시되는 3가지 선택지 중 한 가지를 선택하는 질문

Do you prefer to A or B?

Which do you think ~?

→ I prefer <u>선호 사항</u>. / I'd rather <u>선호 사항</u>.

→ I think <u>선택 사항</u> is the best. / I would say that <u>선택 사항</u> is the most important.

장단점형 장점이나 단점을 묻는 질문

What are some advantages/disadvantages (of ~)?

→ There are some advantages/disadvantages (of <u>주제</u>).

의견형 의견을 묻는 질문

In your opinion, ~?

If ~, what would that be?

→ I think/don't think <u>의견/주장</u>.

전략 2 만능 답변 템플릿과 해결 콤보를 이용해 답변하기

만능 답변 템플릿을 이용해 주장에 대한 근거를 자세히 설명합니다. 주로 구체적인 이유와 예시를 들어 의견을 뒷받침합니다. 근거를 뒷받침할 때는 이유, 예시, 경험 중 한가지만 말해줘도 되고, 추가 근거나 부연 설명은 실력에 맞게 추가합니다. 시간적 여유가 된다면 마지막에 마무리를 덧붙여주지만, 필수는 아니므로 부담 갖지 않아도 됩니다. 자주 사용되는 근거 표현은 부록의 시험장에 들고 가는 Q 11 해결 콤보를 참고합니다.

만능 답변 템플릿

결론	찬반	I agree/disagree (with the statement) that 주제/주장.
	선호	I prefer 선호 사항. / I'd rather 선호 사항.
	선택	I think 선택 사항 is the best.
		I would say that 선택 사항 is the most important.
	장단	There are some advantages/disadvantages (of 주제).
	의견	I think/don't think 의견/주장.
근거 1		Most of all, 근거 소개.
		First, 근거 소개.
부연 설명	이유	Because 이유 소개.
	예시	For example, 예시 소개.
		For instance, 예시 소개.
	경험	When I 경험 소개.
		In middle/high school/college, 경험 소개.
		A few days/weeks ago, 경험 소개.
근거 2		Secondly, 근거 소개.
마무리		So, that's why I agree/disagree.
		For such reasons, I think that 의견/주장.
		So, these are the (dis)advantages.

Q 11 O X Quiz!

1. 긴장한 상황에서 말하다 보니 약간의 문법 실수가 있었다. 채점관의 이해에 방해를 줄 만한 실수들은 아니다. 약간의 시제, 관사 실수 정도이다. 그래도 AL+을 받기엔 무리라는 생각이 든다. [O X]

2. 예시를 제시할 때 근거에 사용했던 표현을 그대로 반복해서 말했다. 내용이 약간 반복이 되었지만, 결론 + 근거 + 예시는 시간 내 제시했다. 그러니 IH는 받을 수 있을 것 같다. [O X]

3. 결론과 근거 및 예시를 충분히 설명하고도 10초가 남았다. 아무 말도 하지 않고 시간을 남겼다. 감점일 것 같다. [O X]

4. 개인적인 경험담을 더하여 매우 주관적인 의견을 말했다. 객관적인 근거를 대진 않았지만, 내 의견만큼은 확실히 피력했다. 내 의견은 충분히 설명이 되었으므로 그에 따른 큰 감점은 없을 것 같다. [O X]

5. 질문의 유형에 맞게 템플릿을 사용하여 답하지 않았다. 근거를 순서대로 정리해 말하지 않고 떠오르는 대로 말했다. Most of all 이나 Secondly등의 답변 틀을 전혀 사용하지 않고, because .. and .. so등을 계속 사용하며 아주 캐주얼하게 계속 말을 이어 나갔다. 감점이 될 것 같다. [O X]

피드백 X O X O X

1 약간의 발음, 문법, 억양 등의 실수가 있어도 평점 4점(5점 만점)은 받을 수 있습니다. 그렇다면 AL+도 받을 수 있습니다.
2 확실한 주장과 그에 대한 이유 및 예시가 있다면 평점 3점(5점 만점)은 받을 수 있습니다. 그렇다면 IH는 가능합니다. 내용의 반복으로 완성도가 떨어지므로 AL+까지는 힘들 수 있습니다.
3 충분히 설명했다면 10초가 남았다는 이유로 감점되진 않습니다. 50초를 어떻게 채웠는지에 따라 점수가 결정될 것입니다.
4 객관적일 필요가 전혀 없습니다. 주관적인 의견일지라도 충분히 설명해 설득력만 갖춘다면 감점이 되지 않습니다. 개인의 경험담도 자유롭게 말할 수 있습니다. 문제의 주제와 관련되고 내 주장에 맞는 일관된 설명이라면 객관성의 여부는 큰 문제가 되지 않습니다.
5 답변 틀이나 템플릿은 하나의 가이드라인 일뿐, 의무가 아닙니다. 주어진 내용에 알맞게 말을 이어갔다면 답변 틀이나 내용이 체계적이지 않다고 큰 감점이 되진 않습니다.

문항별 체크리스트

토익스피킹 고득점을 위한 각 문항별 체크리스트를 소개합니다.

Q1-2 지문 읽기	1. 발음과 억양에 주의하며 주어진 지문을 전달력 있게 읽었나요? 2. 지문의 특성을 살려 자신감 있게 읽었나요? 3. 낯선 어휘나 고유명사의 등장에도 당황하지 않고 자연스럽게 읽었나요?
Q3-4 사진 묘사하기	1. 사진의 중심 대상을 잊지 않고 묘사했나요? 2. 사진과 관련된 어휘를 적절하게 사용하고, 사용된 표현이나 구문을 지나치게 반복하지는 않았나요? 3. 사진 묘사 중 길게 멈칫하거나 답변이 중단되지는 않았나요?
Q5-7 듣고 질문에 답하기	1. 질문의 의문사에 모두 적절하게 답변했나요? 2. 의문사가 2개인 경우 이에 모두 답변했나요? 3. 5, 6번 문항의 경우 주어진 시간 내에 모두 답변했나요? 4. 5-7번 문항이 진행되는 동안 전체 주제 파악과 질문의 의도 파악이 적절하게 이루어졌나요?
Q8-10 제공된 정보를 사용하여 질문에 답하기	1. 표 읽기 시간 45초동안 표의 전반적인 흐름과 내용을 이해할 수 있었나요? 2. 9번 문항의 문제의 의도를 잘 파악할 수 있었나요? 3. 8-10번 문항이 진행되는 동안 주어진 질문에 정확한 답변을 제공할 수 있었나요?
Q11 의견 제시하기	1. 답변을 시작할 때 결론을 명확하게 언급했나요? 2. 문제에서 제시된 주제와 관련 있는 내용을 최대한 많이 포함시켰나요? 3. 주제에서 벗어난 내용을 장황하게 설명하진 않았나요?

시원스쿨
토익스피킹
실전 모의고사 10회

ACTUAL TEST
모범 답변 및 해설

- 실전 모의고사 1
- 실전 모의고사 2
- 실전 모의고사 3
- 실전 모의고사 4
- 실전 모의고사 5
- 실전 모의고사 6
- 실전 모의고사 7
- 실전 모의고사 8
- 실전 모의고사 9
- 실전 모의고사 10

모범 답변 및 해설
실전 모의고사 1

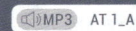

Q 1-2 Read a text aloud

Q1 광고문

Come and celebrate the Washington Rocket's winning season ▪ at this Saturday's game. // All ticket prices will be reduced by ten percent ▪ as a way of thanking our loyal fans. // In addition, ▪ guests can play games, ▪ win prizes, ▪ and watch live performances ▪ before and after the game. // Visit our website to learn more! //

이번주 토요일 경기에 방문하여 워싱턴 라켓팀의 우승 시즌을 기념하세요. 모든 티켓의 가격은 저희의 오래된 팬분들을 위해 10% 할인될 예정입니다. 추가로, 손님들은 경기 전과 후에 게임을 직접 즐기고, 상품에 당첨되고 라이브 공연을 관람하실 수 있을 겁니다. 더 많은 정보를 위해 저희 웹사이트를 방문해주세요!

어휘   celebrate 기념/축하하다 reduce 할인하다, 줄이다 loyal 의리가 있는, 충실한 guests 손님 performance 공연

Q2 방송 대본: 일기 예보

Last night, ▪ the long drought in Logan City was finally broken ▪ by a brief rain shower. // Even though the rain lasted only 15 minutes, ▪ it brought some much-needed moisture ▪ to local crops. // Now the farmers are hoping that the drought has come to an end, ▪ but that doesn't appear to be the case. // Forecasts predict another week of hot, ▪ dry, ▪ and sunny weather. //

어젯밤, 짧은 소나기가 내려 로건시의 오랜 가뭄이 드디어 끝났습니다. 비록 15분 동안만 비가 지속됐지만, 지역 작물들에게는 충분한 수분을 공급했습니다. 농부들은 이제 가뭄이 끝나기를 기대하고 있지만, 그럴 것 같지는 않습니다. 일기 예보는 덥고 건조하고 해가 쨍쨍한 날씨가 또 다른 한 주동안 이어질 것이라고 예측했습니다.

어휘   drought 가뭄 forecasts 예보, 예측 predict 예측하다

■ 강조어 ▪ 끊어 읽기 // 문장 사이 끊어 읽기

Q 3-4 Describe a picture

Q3 사무 환경

장소	This is a picture of an office.	이것은 사무실의 사진입니다.
중심 대상	In the middle, there is a woman in casual clothes. She is sitting on a chair and looking at her phone. It seems like she's texting someone.	가운데에, 평상복을 입은 한 여자가 있습니다. 그녀는 의자에 앉아 핸드폰을 보고 있습니다. 누군가에게 문자를 하는 것 같아 보입니다.
주변 대상	On the left side, there is a man sitting at a table. He is typing something on his laptop. And he seems quite focused.	왼쪽에, 테이블에 앉아 있는 한 남자가 있습니다. 그는 노트북으로 타자를 치고 있습니다. 그는 꽤 집중한 것 같이 보입니다.
배경/ 느낌	On the tables, I see pens, and computers. In the corner of the office, some notes and pictures are posted on the wall.	테이블 위에는 펜과 컴퓨터들이 보입니다. 사무실 구석에는 여러 메모와 사진이 벽에 붙여져있습니다.

■ 기본 답변   ■ IH – AL+ 표현

어휘   in the corner of ~ ~의 모퉁이에, 구석에

고득점 필수 표현   **사무실**

discussing something 무언가를 논의 중인
using his/her laptop computer 노트북을 사용 중인
wearing glasses 안경을 쓰고 있는
pointing at ~ 무언가를 가리키는

typing something 무언가를 타이핑 중인
wearing suits 정장을 입고 있는
making copies 복사를 하는 중인
The desk lamps are on. 스탠드가 켜져 있다.

Q4 야외 (푸드 트럭)

장소	This is a picture of a food truck.	이것은 푸드 트럭의 사진입니다.
중심 대상	In the truck, I see two people wearing aprons. They must be the owners of the food truck. It seems like they are taking orders from the customers. And both of them are smiling.	트럭에는 두 사람이 앞치마를 입고 있습니다. 그들은 푸드 트럭 주인임에 틀림없습니다. 그들이 손님들에게 주문을 받고 있는 것처럼 보입니다. 둘 다 웃음 짓고 있습니다.
주변 대상	In front of them, there are some customers standing in a row.	그들 앞에는 여러 손님들이 줄을 지어 서 있습니다.
배경/ 느낌	Near the truck, I see a bicycle, a small table and some flags.	트럭 근처에, 자전거 한 대와 작은 테이블, 그리고 여러 깃발들이 보입니다.

■ 기본 답변 ■ IH - AL+ 표현

어휘 aprons 앞치마 take orders 주문을 받다 stand in a row 한 줄로 서다

Q 5-7 Respond to questions

전화 인터뷰

■ 주요 의문사

> Imagine that the local government is doing research about public parks. And you have agreed to participate in a telephone interview on public parks in your area.
> 지방 정부가 공원에 대해 조사를 하고 있다고 가정해보세요. 그리고 당신은 지역에 있는 공원에 대한 전화 인터뷰에 참여하기로 동의했습니다.

Q5

Q When was the last time you went to a public park? How frequently do you go to public parks?

공원을 마지막으로 간게 언제인가요? 얼마나 자주 공원에 가나요?

A The last time was 2 days ago. And I go there once a week.

마지막은 이틀 전이었고, 저는 공원에 일주일에 한 번 갑니다.

Q6

Q How far is the nearest public park from your home? And is it popular?

집에서 가장 가까운 공원은 얼마나 떨어져있나요? 그 공원은 유명한가요?

A It is about 10 minutes by bus. And yes, it is popular.

그것은 버스로 10분이 걸리고, 네, 유명합니다.

Q7

Q If there is a new park in your area, would it be likely for you to go there? Why or why not?

만약 동네에 새로운 공원이 생긴다면, 그곳에 방문할 것 같은가요? 왜 그런가요?

A Yes, if there is a new park in my area, it would be likely for me to go there. I enjoy going to parks to walk and get some fresh air. It's relaxing, and I need that time for me. Also, I like going to parks with my friends. Sometimes we go on a picnic to the park. And that is a lot of fun.

네, 만약 새로운 공원이 동네에 생긴다면 저는 그곳에 방문할 것 같습니다. 저는 공원에 가서 걷고 신선한 공기를 마시는 것을 좋아합니다. 이것은 마음을 편하게 해주고, 저는 그 시간이 필요합니다. 또한 저는 친구들과 함께 공원에 가는 것을 좋아합니다. 우리는 종종 공원에 소풍을 가고, 이건 정말 재밌습니다.

어휘 public 공공의, 대중을 위한 frequently 자주, 흔히 be likely to ~ ~할 가능성이 있는

추가 답변 표현

Q7 No (새로운 공원이 생겨도 방문 안함)

- I'm not much of an outdoor person. I don't enjoy walking around outside.
  저는 야외 활동을 즐겨하지 않습니다. 밖에서 걷는 것을 좋아하지 않습니다.

- I like spending time at home. I usually watch TV or take naps at home.
  저는 집에서 시간 보내는 것을 좋아합니다. 보통 집에서 TV를 보거나 낮잠을 잡니다.

Q 8-10 Respond to questions using information provided

행사 일정표: 워크샵

구담 고등학교
월별 교사 워크샵
오후 2시 – 오후 5시
교실 130

날짜	안건	발표자
1월 3일	교육자의 역할	제레미 제인
2월 4일	교육 방법론	베키 레빈
3월 1일	학급 운영	크리스 플레어
4월 2일	수업 중 기술의 사용	토마스 린치
5월 4일	교육자로서의 어려움	제레미 제인
~~6월 1일~~	~~다양한 종류의 등급 매기기~~	~~베키 레빈~~ 7월로 연기

Hi, I heard the workshop agenda for this year is out. For some reason, I couldn't find it on the faculty board. So I'd like to ask a few questions about it.

안녕하세요, 이번 년도 워크샵 안건이 나왔다고 들었어요. 무슨 이유인지, 그것을 교직원 게시판에서 찾을 수가 없네요. 워크샵 관련하여 몇 가지 질문을 좀 하고 싶어요.

■ 주요 의문사

Q8

Q What time do the sessions start, and where do they take place?

A The workshops start at 2 p.m. and they take place in room one-three-zero.

워크샵 세션이 몇 시에 시작하고, 어디서 열리나요?

워크샵은 오후 2시에 시작하고, 교실 130에서 열립니다.

Q9

Q I've heard other teachers talking about a session on different kinds of grading. What is the date of that workshop?

A Actually, it was scheduled on June first. However, it has been postponed to July.

다양한 종류의 등급 매기기 세션에 대해 다른 선생님들이 대화를 하는걸 들은 적이 있어요. 그 워크샵의 날짜는 언제인가요?

사실 그것은 6월 1일로 예정되어 있었습니다. 하지만 7월로 연기되었습니다.

Q10

Q I heard that Jeremy Zane is a great workshop leader. Can you give me the details on all the sessions led by him?

A There are 2 workshops led by him.
One is on the role of the educator, on January third. And the other is on challenges as educators, on May fourth.

제레미 제인이 훌륭한 워크샵 리더라고 들었어요. 그가 이끄는 워크샵 세션의 세부사항에 대해 모두 말해줄 수 있나요?

그가 이끄는 2개의 워크샵이 있습니다.
하나는 1월 3일에 열리는 교육자의 역할에 대한 것이고, 다른 하나는 5월 4일에 열리는 교육자로서의 어려움에 대한 것입니다.

어휘 agenda 의제, 안건 methodology 방법론 management 운영, 관리 challenge 난제, 도전 grading 등급 매기기
faculty 교수단 postpone 연기하다, 미루다

만점을 부르는 듣기 포인트 고난도 지문의 경우 다음의 단어들에 집중하며 다시 들어보세요.

department store / Recently / opened a cafeteria / customers / convenient / meal / However / more ideas / how / encourage more customers / use / new / cafeteria / By the way / prices / lower / giving a discount / not / option

Q11 Express an opinion

Q11 혼자 vs 함께

What are some downsides of traveling in a group tour when you are traveling abroad? Use specific reasons and examples to support your opinion.

해외를 여행할 때, 그룹 투어로 여행하는 것의 단점은 무엇인가요?
구체적인 이유와 예시를 들어 의견을 뒷받침하세요.

답변 브레인스토밍

혼자라서 좋은 점 강조
- 함께하는 것은 불편 → 프라이버시 보장 X
- 각자 다른 관심 → 논쟁의 여지 있음 → 스트레스

답변 완성

결론	There are definitely some downsides of traveling in a group tour when I'm traveling abroad.	해외를 여행할 때 그룹 투어를 하는 것에는 확실한 단점이 있습니다.
근거 + 부연 설명	Most of all, .. it is very uncomfortable and inconvenient .. since there is no privacy during the trip. And it is worse if I'm sharing a hotel room. Secondly, we might have different interests when traveling. Then, we might argue about everything. And that can be very stressful.	무엇보다도, 여행 중에 사생활이 보장되지 않기 때문에 매우 불편하고 곤란합니다. 호텔의 방을 함께 써야 한다면 더 좋지 않을 것입니다. 둘째로, 여행 중에 서로 다른 관심을 가질 수도 있습니다. 그러면 모든 것에 대해 다툴 수도 있고, 이것은 매우 스트레스를 줍니다.
예시	When I travel abroad, I like visiting historical sites and learning the local culture. I want to spend more time exploring the city than just shopping or sightseeing.	해외를 여행할 때 저는 역사적인 유적지를 방문하고 현지 문화를 배우는 것을 좋아합니다. 저는 단순히 쇼핑을 하거나 관광을 하는 것보다 도시를 탐험하는 것에 더 많은 시간을 쓰고 싶습니다.
마무리	So .. in a case like this, group tours can be frustrating.	따라서, 이러한 경우에는 그룹 투어가 좌절감을 줄 수도 있습니다.

■ 기본 답변   ■ IH - AL+ 표현

어휘 downside 단점 abroad 해외로 inconvenient 불편한 privacy 사생활 argue 다투다 historical 역사적인 local 현지의 explore 탐험하다 sightseeing 관광 frustrating 좌절감을 주는, 불만스러운

케이트쌤의 TEST 1 총평

▲ 총정리 특강

전체 난이도 중하

◉ 문항별 난이도

Q 1-2	Q 3-4	Q 5-7	Q 8-10	Q 11
중하	중중	중	하	하

◉ 총평

대체적으로 출제 빈도가 높은 질문들과 어휘들로 구성되었어요. Q3-4 사진 묘사의 경우 사무 환경과 야외 (푸드 트럭) 장소가 출제되었고 Q8-10 표 문제에서는 자주 등장하는 워크샵 일정표가 나왔어요. 또한 마지막 문제인 의견 말하기 문제도 혼자와 함께 중 택일하는 문제로 일반적인 문제가 등장했죠. 따라서 모의고사 1회는 문항 별로 암기 혹은 문제의 유형과 세부 주제별로 전체를 암기하는 것만으로도 큰 학습 효과를 볼 수 있어요.

◉ 이것만은 꼭 암기하기!

Q 1-2 광고문 & 일기 예보 관련 어휘 연습

celebrate, reduced by ten percent, loyal, in addition, visit our website
drought, finally, weather forecast

Q 3-4 장소 관련 표현 암기

사무 환경	sitting on a chair/sitting at a desk
	looking at the computer screen + typing something
야외	apron, ordering food, taking orders, customers

Q 5-7 빈출 질문과 답 패턴 암기

When was the last time you ~? → The last time was 기간 ago.
How frequently do you ~? → I 활동 once a week.
How far is ~ ? → It is 걸리는 시간 by 이동 수단.

Q 8-10 행사(워크샵) 일정표 관련 어휘와 답변 패턴 암기

| 장소 | It takes place at/in 행사 장소. / The location is 행사 장소. |
| 세부 항목 | There are 2 workshops. One is on 주제 led by 사람. The other is on 주제 led by 사람. |

Q 11 혼자 vs 함께를 비교하는 문제로, 각 장단점 암기

It's uncomfortable and inconvenient (because there is no privacy).
People have different interests. And that can be stressful.

모범 답변 및 해설
실전 모의고사 2

Q1-2 Read a text aloud

Q1 방송 대본: 교통 안내

Next is our Channel 5 morning traffic report, .. brought to you by .. Werner Office Supplies. // Construction work at Central Plaza .. is causing traffic congestion at Fisher Street, .. Pinewood Drive, .. and Lincoln Road. // If your office is located around these areas, .. consider leaving for work earlier this morning. // Check back later for another update. //

다음은 워너 사무용품점이 후원하는 채널 5의 아침 교통 정보입니다. 센트럴 광장의 공사로 인해 피셔 가, 파인우드 드라이브, 그리고 링컨 가에서 교통 체증이 발생하고 있습니다. 만약 사무실이 이 지역 주변에 위치해 있다면 오늘 아침에는 좀 더 일찍 출근하는 것을 고려해 보시기 바랍니다. 잠시 후 또 다른 소식을 확인해보세요.

어휘 traffic report 교통 안내 방송 office supplies 사무용품 construction 공사 congestion 혼잡

Q2 연설문

Welcome to our management training workshop. // For more than thirty years, .. our catering company has provided clients with excellent food and planning. // Our reliable, .. flexible, .. and affordable service .. has earned us a respectable reputation. // So, .. when catering an event, .. managers must be committed to our high standards of professionalism .. and customer satisfaction. //

경영 교육 워크샵에 오신 것을 환영합니다. 30년이 넘는 시간동안 우리 출장 연회 회사는 고객들에게 훌륭한 음식과 기획을 제공해왔습니다. 신뢰할 수 있고, 융통성 있고, 가격 경쟁력이 있는 서비스를 통해 우리는 훌륭한 명성을 얻을 수 있었습니다. 따라서 출장 연회 행사를 준비할 때, 운영자 여러분들은 높은 수준의 전문성과 고객 만족에 전념해야 합니다.

어휘 catering 음식 출장 서비스 reliable 믿을 수 있는 flexible 융통성 있는 affordable (가격이) 알맞은 earn 얻다, 받다 respectable 훌륭한, 존경할 만한 reputation 명성 be committed to ~ ~에 헌신하다

■ 강조어 .. 끊어 읽기 // 문장 사이 끊어 읽기

Q 3-4 Describe a picture

Q3 거리

장소	This is a picture taken on a street.	이것은 거리에서 찍힌 사진입니다.
중심 대상	In the middle, there is a woman wearing sunglasses. And she is riding a bicycle.	가운데에, 선글라스를 낀 한 여자가 있습니다. 그녀는 자전거를 타고 있습니다.
주변 대상	In the back, there are two people walking along the sidewalk. They are both holding cups (in their hands). And the woman in the yellow shirt is carrying a bag.	뒤에는, 인도를 따라 걷고 있는 두 사람이 있습니다. 둘 다 손에 컵을 들고 있습니다. 그리고 노란색 셔츠를 입은 여자는 가방을 메고 있습니다.
배경/ 느낌	Along the sidewalk, I see some buildings with balconies and plants. And it seems like a sunny day.	인도를 따라, 발코니에 식물이 있는 빌딩들이 보입니다. 그리고 날씨가 좋아 보입니다.

■ 기본 답변 ■ IH - AL+ 표현

어휘 along ~을 따라 sidewalk 보도, 인도

고득점 필수 표현 길거리

riding bicycles/motorcycles 자전거/오토바이를 타고 있는
walking along the street/sidewalk 인도를 따라 걷고 있는
pushing a stroller 유모차를 밀고 있는
sitting on a bench 벤치에 앉아 있는
crossing the street 길을 건너고 있는

Q4 정원/농장

장소	This is a picture taken in a big garden (or a plantation).	이것은 큰 정원 (혹은 농장)에서 찍힌 사진입니다.
중심 대상	On the right of the picture, there are two people. They are both crouching (on the garden bed). And it seems like they're planting something.	사진의 오른쪽에, 두 사람이 있습니다. 그들 모두 (화단에서) 쪼그리고 있습니다. 그리고 그들은 무언가 심고 있는 것처럼 보입니다.
주변 대상	In the back, I see a girl standing near the plants. She is holding a big shovel in her hands. Also a man in a blue shirt is bending over to work on the plants.	뒤에는, 식물 근처에 서 있는 한 소녀가 보입니다. 그녀는 큰 삽을 손에 들고 있습니다. 또한, 파란색 셔츠를 입은 한 남자는 식물을 가꾸기 위해 허리를 구부리고 있습니다.
배경/ 느낌	I think they are a family. And it seems like a sunny day.	그들은 가족인 것 같습니다. 그리고 날씨가 매우 좋아 보입니다.

■ 기본 답변   ■ IH - AL+ 표현

어휘   plantation 농장   crouch 쪼그리다   shovel 삽   bend over 몸을 앞으로 숙이다

Q 5-7 Respond to questions

전화 인터뷰

■ 주요 의문사

> Imagine that a marketing firm is doing research and you have agreed to participate in a telephone interview on buying books.
> 마케팅 회사가 조사를 하고 있다고 가정해보세요. 그리고 당신은 도서 구매에 대한 전화 인터뷰에 참여하기로 동의했습니다.

Q5

Q Do you often buy books? Why or why not?

당신은 책을 자주 구매하나요? 왜 그런가요?

A I buy books once a month. It's because I enjoy reading.

저는 한 달에 한번 책을 구매합니다. 책 읽는 것을 즐기기 때문입니다.

Q6

Q When was the last time you bought a book for someone else, and where did you buy it?

마지막으로 다른 사람을 위해 책을 구매한 것이 언제이고, 그 책은 어디서 구매했나요?

A The last time was 2 weeks ago. And I bought it at a bookstore.

마지막은 2주 전입니다. 그리고 서점에서 구매했습니다.

Q7

Q Which do you think is a better gift for a friend: a book or a gift card?

책과 상품권 중 어떤 것이 친구에게 더 좋은 선물이라고 생각하나요?

A I think a gift card is a better gift.
With gift cards, my friends can buy things they want. Some of my friends like reading, but some don't. So, if I give a book as a gift, they might feel disappointed.

제 생각에는 상품권이 더 좋은 선물인 것 같습니다. 제 친구들은 상품권으로 그들이 원하는 것을 살 수 있습니다. 몇몇의 친구들은 책 읽기를 좋아하지만, 그렇지 않은 친구들도 있습니다. 따라서 만약 제가 책을 선물로 준다면, 그들이 실망할 수도 있습니다.

어휘 enjoy ~ing ~하는 것을 즐기다 disappointed 실망한

추가 답변 표현

Q7 Book (도서가 더 좋은 선물)

- My friends enjoy reading books.
  제 친구들은 독서를 좋아합니다.

- They often go to bookstores to buy novels and magazines.
  그들은 소설책이나 잡지를 구매하기 위해 서점에 자주 갑니다.

Q 8-10 Respond to questions using information provided

개인 일정표

	스콧 루디스
	11월 20일 월요일
오전 9:00 - 오전 10:00	직원 주간 회의 – 이번 주의 행사
오전 10:00 - 정오	"프로젝트 그린" 시연 준비
정오 - 오후 2:00	지오반니 B스트로에서 고객과의 점심 식사 (벤자민 영, 큐브 회사)
오후 2:00 - 오후 3:00	"프로젝트 그린"에 대한 일정 검토
오후 3:00 - 오후 4:00	화상 회의 취소됨
오후 3:00 - 오후 4:00	프로젝트 연구 자원 검토
오후 4:00 - 오후 5:00	프로젝트 그린을 위한 직원 회의 -주간 업무 정하기 -마감일 검토

Hi, it's me, Scott. I'm on my way to the office right now, but I'd like to go through my schedule for today. Will you help me?

안녕하세요, 저는 스콧입니다. 지금 사무실에 가는 길이지만 오늘의 일정을 검토해보고 싶은데 좀 도와주시겠어요?

■ 주요 의문사

Q8

Q: What time is my meeting with Mr. Young, and where is it at?

영씨와의 미팅이 몇 시에 있으며, 어디서 진행되나요?

A: You have a lunch meeting with Mr. Young at noon, at Giovani Bistro.

지오반니 비스트로 식당에서 오후 12시에 영씨와 점심 미팅이 있습니다.

Q9

Q: I remember I had a video conference in the morning. Is that correct?

아침에 화상 회의가 있었던 걸로 기억하는데, 맞나요?

A: There was a video conference at 3 p.m., but it has been canceled.

오후 3시에 화상 회의가 있었지만 취소되었습니다.

Q10

Q: Can you tell me about the staff meetings that I have today, and what will we be discussing?

오늘 예정된 직원 회의와 무엇을 논의할지에 대해 말해줄 수 있나요?

A: There are 2 staff meetings.
One is a weekly staff meeting at 9 a.m. We will discuss this week's events. The other is a staff meeting for Project Green at 4 p.m. We will assign tasks for the week and review the deadline.

2개의 직원 회의가 있습니다.
하나는 오전 9시에 있는 주간 직원 회의입니다. 우리는 이번주 행사에 대해서 의논할 것입니다. 다른 하나는 오후 4시에 있는 프로젝트 그린에 대한 직원 회의입니다. 주간 업무를 정하고 마감일을 검토할 예정입니다.

어휘 weekly 매주의 demonstration 시범 설명 assign (일/책임을) 맡기다, 배정하다 go through 살펴보다, 검토하다

만점을 부르는 듣기 포인트 고난도 지문의 경우 다음의 단어들에 집중하며 다시 들어보세요.

museum's attendance / decreasing / strategies / attract / patrons / already planned / exhibitions / can't add / new attractions / don't have / budget / advertising / increase attendance

Q11 Express an opinion

Q11 일상 생활: 물건 구매

What are the benefits of reading customer reviews before purchasing a product?
Use specific reasons and examples to support your opinion.

물건을 구매하기 전 고객 후기를 읽어보는 것의 장점은 무엇인가요?
구체적인 이유와 예시를 들어 의견을 뒷받침하세요.

답변 브레인스토밍

유경험자 및 전문가가 주는 이점 강조
- 리뷰를 통해 구체적인 정보 얻음 → 비교 후 가장 맞는 상품 선택 + 사진과 비디오 유용
- 실제 사용자(유경험자)의 팁 → 장단점 전달 → 더 나은 선택

답변 완성

결론	There are some benefits of reading customer reviews before purchasing a product.	물건을 구매하기 전 고객 후기를 읽어보는 것에는 몇 가지 장점이 있습니다.
근거 + 부연 설명	Most of all, by reading the reviews, I can get detailed information .. on the products. And with that information, .. I can compare the products and choose the best one for me. Plus, reviews have pictures and videos of the products, and they are very useful too.	무엇보다도, 후기를 읽고 제품에 대한 세부적인 정보를 얻을 수 있습니다. 그리고 이 정보들로 제품들을 비교하고 제게 가장 맞는 상품을 선택할 수 있습니다. 추가로, 후기에는 제품에 대한 사진과 영상들이 있고, 이것 또한 매우 유용합니다.
근거 2	Secondly, I get tips from actual users. Since they have used the product, they know the pros and cons. So, by reading the reviews, I can get some insights on the product. And I can make a better decision .. when I purchase things.	둘째로, 실제 사용자로부터 팁을 얻습니다. 그들은 제품을 사용해봤기 때문에 장점과 단점에 대해 알고 있습니다. 따라서 후기를 읽음으로써, 제품에 대한 이해를 할 수 있습니다. 그리고 물건을 살 때 보다 더 나은 선택을 할 수 있습니다.
마무리 (생략 가능)	There are some benefits of reading customer reviews before purchasing a product.	물건을 구매하기 전 고객 후기를 읽어보는 것에는 몇 가지 장점이 있습니다.

■ 기본 답변 ■ IH - AL+ 표현

어휘 pros and cons 장단점 insight 이해, 통찰력

추가 답변 표현

Q11 Disadvantages of customer reviews (고객 리뷰의 단점)
- The information is not accurate since the customers are not experts.
  고객들은 전문가가 아니므로 정보가 정확하지 않습니다.
- There are too many reviews. It takes time to read them, and they're confusing.
  너무 많은 리뷰가 있습니다. 이를 읽는 데 시간이 걸리고, 혼란스럽습니다.

케이트쌤의 TEST 2 총평

▲ 총정리 특강

전체 난이도 중상

◎ 문항별 난이도

Q 1-2	▶	Q 3-4	▶	Q 5-7	▶	Q 8-10	▶	Q 11
상		상		중		하		중

◎ 총평

고난도 문제나 어휘로 약간의 방해 요소들이 있으나, 전반적으로는 자주 출제되는 주제와 질문들이므로 집중력만 흐트러지지 않는다면 충분히 풀어나갈 수 있어요. 특히 1-2번 문항에서는 음절이 긴 어휘들이 많아서 발음에 유의하며 읽고, 사진 묘사 문항에서는 묘사 거리가 많지 않아 배경 묘사나 추측성 문장들로 답변 시간을 채우는 게 중요해요. 반면 Q11은 상대적으로 무난한 주제였으며 누구나 경험해봤을 내용으로 개인적 경험담을 더하는 것도 좋은 방법이에요.

◎ 이것만은 꼭 암기하기!

Q 1-2 교통 방송 & 연설문 관련 어휘 연습

traffic report, brought to you by, causing traffic congestion
welcome to, has provided, be committed

Q 3-4 장소 관련 표현 암기

거리 on the street, riding a bicycle(motorcycle), walking along the sidewalk, buildings with balconies

정원/농장 crouching, bending over to 동사, planting sth, shovel, a lovely day

Q 5-7 빈출 질문과 답 패턴 암기

어디서 구매? → I got it at a store/online/at the department store/at the convenience store.

Q 8-10 개인 일정표 관련 어휘와 답변 패턴 암기

What will we be discussing? → We will discuss 회의/토론상의 주제.
Is that correct? → Yes, that's correct. / Actually, no.

Q 11 유경험자/전문가가 주는 이점을 활용 + 온라인 정보의 장점 강조

I can get detailed information on the products.
They have pictures and videos of the products, and they are very useful too.
And (with this information,) I can make a better decision.
I can learn practical tips.

모범 답변 및 해설
실전 모의고사 3

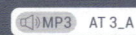

Q1-2 Read a text aloud

Q1 소개문

Good evening. .. Now that dinner is finished, .. I'd like to introduce our keynote speaker, .. Dr. Emily Cross. // She will tell us about her background, .. research, .. and personal tips for success. // If you are familiar with her work, .. then you know we can all learn something from her. // After the talk, .. she will answer some audience questions. // So, .. let's welcome Dr. Cross .. to the stage. //

좋은 저녁입니다. 저녁 만찬을 마쳤으므로, 기조 연설자인 에밀리 크로스 박사님을 소개하고자 합니다. 그녀는 우리에게 그녀의 배경과 연구, 그리고 성공을 위한 개인적인 팁에 대해 말해줄 것입니다. 만약 그녀의 업적을 잘 아신다면, 우리 모두 (그녀로부터) 무언가를 배울 수 있다는 것을 아실 것입니다. 연설 후에, 그녀는 청중들의 질문에 답을 할 것입니다. 자, 크로스 박사님을 무대로 모시겠습니다.

어휘 keynote speaker 기조 연설자 be familiar with ~에 익숙하다 audience 청중, 관중

Q2 방송 대본: 교통 안내

Next up, we have your Dayton Radio morning traffic update. // Commuters on Interstate 91 .. are once again dealing with heavy traffic. // Try using detours through Logan, .. Marysville, .. or Harbor Town to save some time. // We'll return .. after this commercial break to report on this afternoon's expected thunderstorms. //

다음으로, 데이턴 라디오 아침 교통 정보를 알려드립니다. 91번 주간 고속 도로 통근자들은 다시 교통 체증에 시달리고 있습니다. 시간을 절약하기 위해서는 로건이나 매리스빌 또는 하버 타운을 통해 우회하시기 바랍니다. 광고 방송 후에는 오후에 있을 것으로 예상되는 뇌우에 대해 보도해드리겠습니다.

어휘 commuter 통근자 interstate 주간 고속 도로 detours 우회로 commercial break 광고 방송 thunderstorm 뇌우

■ 강조어   .. 끊어 읽기   // 문장 사이 끊어 읽기

Q 3-4 Describe a picture

Q3 상점

장소	This is a picture of a store.	이것은 상점의 사진입니다.
중심 대상	In the middle, there are 2 people wearing casual clothes. They are standing near the racks side by side. And they are holding backpacks and looking at them. I think they are customers shopping for backpacks. The man has a beard.	가운데에, 캐주얼 옷을 입은 두 명의 사람이 있습니다. 그들은 선반 근처에 나란히 서 있습니다. 그리고 그들은 가방을 들고 그것들을 보고 있습니다. 그들은 가방을 사려고 하는 손님인 것 같습니다. 남자는 수염이 있습니다.
배경/ 느낌	Behind them, many bags are displayed on the wall. And they are all different colors. In front of them, some clothes are hanging on the rack.	그들 뒤에는, 많은 가방이 벽에 진열되어 있습니다. 그리고 그것들은 모두 다른 색깔입니다. 그들 앞에, 여러 옷이 선반에 걸려 있습니다.

■ 기본 답변   ■ IH - AL+ 표현

어휘   rack 선반, 받침대   beard 수염   hang 걸다

고득점 필수 표현   상점

standing in front of the racks/shelves 거치대/선반 앞에 서있는
putting something in the basket 바구니에 무언가를 넣고 있는
waiting in line at the counter 카운터에서 줄을 서서 기다리고 있는
helping customers 고객을 돕고 있는
The products are neatly arranged. 물건이 깔끔하게 정리되어 있다.

choosing an item 물건을 고르는 중인
pushing a cart 카트를 밀고 있는
paying with his/her credit card 신용카드로 결제 중인

Q4 도로

장소	This is a picture taken on a downtown street.	이것은 시내 도로에서 찍은 사진입니다.
중심 대상	On the right of the picture, there is a woman in a red dress. She is walking along the sidewalk and looking at her phone. And she is smiling.	사진의 오른쪽에, 빨간색 드레스를 입은 한 여자가 있습니다. 그녀는 인도를 따라 걸으며 핸드폰을 쳐다보고 있습니다. 그리고 그녀는 웃고 있습니다.
주변 대상	On the left, I see a yellow cab on the street.	왼쪽에, 도로에 있는 한 노란색 택시가 보입니다.
배경/ 느낌	In the back, some people are crossing the street. And I see some buildings, traffic lights, and some signs here and there. And the weather seems nice.	뒤쪽에는, 여러 사람이 길을 건너고 있습니다. 여러 건물들, 신호등, 그리고 표지판들이 여기 저기에 있습니다. 날씨가 좋아 보입니다.

■ 기본 답변   ■ IH - AL+ 표현

어휘   downtown 시내   sidewalk 인도

Q 5-7 Respond to questions

전화 인터뷰 ■ 주요 의문사

Imagine that a consulting firm is conducting research about snacking habits at work and at home. You have agreed to participate in a survey on snacking.
한 컨설팅 회사가 회사와 집에서 간식을 먹는 습관에 대해 조사를 시행한다고 가정해보세요. 당신은 간식 관련 설문조사에 참여하기로 동의했습니다.

Q5

Q How often do you eat snacks during the day? Do you usually have a snack by yourself or with others?

하루에 얼마나 자주 간식을 먹나요? 보통 간식을 혼자 먹나요, 아니면 다른 사람들과 함께 먹나요?

A I eat snacks once a day. And I usually have a snack with my friends/co-workers.

저는 하루에 한 번 간식을 먹습니다. 그리고 주로 친구들/동료들과 함께 간식을 먹습니다.

Q6

Q What do you usually have for a snack, and when do you usually have it?

보통 간식으로 무엇을 먹고, 언제 먹나요?

A I usually have chips, and I have them in the afternoon.

저는 주로 과자를 먹고, 오후에 먹습니다.

Q7

Q Do you ever go to a restaurant or a café to have a snack? Why or why not?

간식을 먹으러 레스토랑이나 카페에 가곤 하나요? 왜 그런가요?

A Yes, I do. Sometimes I go to a café to have a snack. There are various types of snacks like cakes or cookies. And they are very good with coffee. So I sometimes go there for snacks.

네, 갑니다. 저는 가끔 간식을 먹으러 카페에 갑니다. 그곳에는 케이크나 쿠키와 같은 다양한 종류의 간식이 있습니다. 그리고 그것들은 커피와 잘 어울립니다. 그래서 저는 종종 간식을 먹으러 그곳에 갑니다.

어휘 during the day 하루 동안

Q 8-10　Respond to questions using information provided

행사 일정표　　　　　　　　　　　　　　　　　　　　　　　　　　　■ 주요 의문사

제3회 인공지능 AAI 학회

기간: 1월 28일 – 1월 30일
장소: 힐튼 하와이안 빌리지, 호놀룰루

8:30 – 9:00	현장 등록
9:00 – 10:00	워크샵: 인공지능의 지속적인 연구 과제 *(파스칼 헨드릭, 조지아 공과대학교)*
10:00 – 11:00	토론: 인공지능, 윤리와 사회
11:00 – 정오	발표: 인공지능 분야에서 다양성의 증가 *(밍첸 조우, 매사추세츠 공과대학교)*
정오 – 1:30	점심 식사
1:30 – 2:30	워크샵: 교육에서의 인공지능 *(하와이 공과대학교)*
2:30 – 3:30	토론: 미래 인공지능 분야에서 가능한 연구 과제

Hi, my name is Dave Fowler. Recently, I've seen a posting about this year's AAI conference on our faculty board. And I'm very interested in attending the conference. Will you help me answer a few questions?

안녕하세요, 저는 데이브 파울러입니다. 최근 교직원 게시판에서 올해의 AAI 학회에 대한 글을 보았습니다. 그리고 저는 학회에 참석하는 데 매우 관심이 있습니다. 몇 가지 질문에 답해주실 수 있나요?

■ 주요 의문사

Q8

Q For how many days will the conference be held, and how do I register to attend?

학회는 며칠동안 열리며, 제가 참석하기 위해서 어떻게 등록하나요?

A It is three days. And it has on-site registration.

학회는 3일동안 열리며, 현장 등록입니다.

Q9

Q I remember looking at a session about the use of AI in education. That session is scheduled in the morning, right?

교육에서의 인공지능 사용에 대한 세션을 봤던 것을 기억합니다. 그 세션은 오전에 예정되어 있죠, 그렇죠?

A Actually, no. It is in the afternoon, at 1:30 p.m.

사실, 아닙니다. 그것은 오후 1시 30분에 예정되어 있습니다.

Q10

Q I'd like to learn more about the research projects on AI. Can you tell me about that?

인공지능의 연구 과제에 대해 더 알고 싶습니다. 그것에 대해 말해주실 수 있나요?

A Sure. There are two. At 9 a.m., there is a workshop on ongoing research projects on AI by Pascal Hendrick from Georgia Tech Institute. At 2:30 p.m., there is a discussion on possible research projects on future AI.

그럼요. 2개가 있습니다. 오전 9시에는, 조지아 공과대학교의 파스칼 헨드릭의 인공지능의 지속적인 연구 과제에 대한 워크샵이 있습니다. 오후 2시 30분에는, 미래 인공지능 분야에서 가능한 연구 과제에 대한 토론이 있습니다.

어휘 on-site 현장의 ongoing 계속 진행중인 ethics 윤리 diversity 다양성 faculty board 교직원 게시판

만점을 부르는 듣기 포인트 고난도 지문의 경우 다음의 단어들에 집중하며 다시 들어보세요.

decided to offer free installation services / However / haven't seen / increase / customer base / losing money / Now / less profit / workers / spending more time / installations / already advertised / television commercial / aware of this / other ways / improve our sales

Q11 Express an opinion

Q11 대학생 + 교육

Do you agree that college students can benefit a lot from studying abroad?
Give specific details and reasons to support your opinion.
대학생들이 해외에서 공부하는 것을 통해 많은 혜택을 얻을 수 있다는 것에 동의하나요?
구체적인 예시와 이유를 들어 의견을 뒷받침하세요.

답변 브레인스토밍

대학생들이 다양한 경험을 했을 때의 장점을 강조
- 외국어&다양한 문화 배움 → 취업 시 도움됨 → 한국의 예시
- 경력 기회 확장 → 외국계 회사 지원

답변 완성

결론	Yes, I agree that college students can benefit a lot from studying abroad.	네, 저는 대학생들이 해외 유학으로부터 많은 혜택을 얻을 수 있다는 것에 동의합니다.
근거 + 부연 설명	Most of all, .. they can learn a foreign language. And they can experience different cultures. .. And these are helpful when they get a job. In my country, many college students go to America to study. They learn English there and meet people from different cultures.	무엇보다도, 그들은 외국어를 배울 수 있고, 다양한 문화를 경험할 수 있습니다. 그리고 이것들은 그들이 취업을 할 때 유용합니다. 우리나라에서는 많은 대학생들이 미국으로 공부를 하러 갑니다. 그들은 그곳에서 영어를 배우며, 다양한 문화권의 사람들을 만납니다.
근거 2	Secondly, they can expand their career opportunities. .. By studying abroad, they can apply for programs or jobs in foreign companies.	둘째로, 경력 기회를 확장할 수 있습니다. 해외 유학을 함으로써, 그들은 외국계 회사의 프로그램이나 일자리에 지원할 수 있습니다.
마무리 (생략 가능)	Yes, I agree that college students can benefit a lot from studying abroad.	네, 저는 대학생들이 해외 유학으로부터 많은 혜택을 얻을 수 있다는 것에 동의합니다.

■ 기본 답변 ■ IH - AL+ 표현

어휘 study abroad 해외에서 공부하다   benefit ~에서 득을 보다   expand 확장하다   apply for ~에 지원하다

추가 답변 표현

Q11 Downsides of college students studying abroad (대학생 해외 유학의 단점)
- It costs a lot of money. And college students can't afford it.
  해외 유학은 돈이 많이 들고, 대학생들은 이를 위한 금전적인 여유가 없습니다.

- They have to study more (when they study abroad). This is not easy, and it can be stressful.
  (해외 유학 시) 공부를 더 많이 해야 하고, 이것은 쉽지 않으며 스트레스가 될 수 있습니다.

케이트쌤의 TEST 3 총평

▲총정리 특강

전체 난이도 중상

문항별 난이도

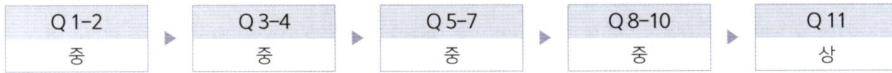

Q 1-2	Q 3-4	Q 5-7	Q 8-10	Q 11
중	중	중	중	상

총평

Q3-4는 답변 시간 30초동안 중심 대상의 주요한 행동이나 상태만 설명해줘도 충분해요. Q5-7 도표의 어휘가 꽤 어려 웠는데, 전체 일정의 흐름과 키워드에만 집중한다면 문제를 풀어내는 데에 그리 어렵진 않았을 거예요. 간혹 낯선 어휘나 주제에 말문이 막혀 답변을 하지 않는 경우가 생길 수 있는데 무응답 만큼은 피해야 해요. 모르는 부분은 과감하게 넘기고 아는 부분들이라도 살려서 답변하면 점수를 획득할 수 있어요.

이것만은 꼭 암기하기!

Q 1-2 소개/담화문 & 라디오(교통) 관련 어휘 연습

introduce, keynote speaker, familiar with, audience
traffic update, heavy traffic, commuters(commute), detours

Q 3-4 장소 관련 표현 암기

상점	standing near the racks, shopping for 품목
	Things are displayed on the shelves/racks/tables/walls. They are different colors.
도로	crossing the street, here and there

Q 5-7 빈출 질문과 답 패턴 암기

How often do you ~ during the day? → 답변 기간이 day 보다 짧아야 함!
When ~? → in the morning/afternoon/evening/at night, on Sundays, on weekends, in March, in Spring

Q 8-10 행사 일정표 관련 어휘와 답변 패턴 암기

등록 방법 It is on-site registration. You can register on-site/in person/online.
일정 세부 At 시간, there is a session on 주제 by 사람 from 소속.

Q 11 경험하는 것의 장점과 대학생 삶을 연결해 문제 풀이

They can learn a foreign language, and experience different cultures. And these are helpful, when they get a job. They can expand their career opportunities.

모범 답변 및 해설
실전 모의고사 4

Q1-2 Read a text aloud

Q1 안내문

Hoover Driving School ▪ offers a variety of basic courses covering the operation of motorcycles, ▪ standard vehicles, ▪ and commercial trucks. // We also offer advanced driving programs. // For your convenience, ▪ evening and weekend classes are available. // For more information, ▪ visit us at our website. //

후버 운전 학원은 오토바이, 일반 차량, 그리고 영업용 트럭의 작동을 다루는 다양한 기본 수업을 제공합니다. 또한 상급 운전 프로그램도 제공합니다. 여러분의 편의를 위해, 저녁 수업과 주말 수업도 가능합니다. 자세한 내용은 저희 웹사이트를 방문해주세요.

어휘 a variety of 여러 가지의, 다양한 cover 다루다, 포함시키다 operation 작동, 운용 motorcycle 오토바이 vehicle 차량 commercial 상업적인 advanced 고급의 convenience 편의, 편리

Q2 기내 방송

Thanks for flying with Howard Airlines. // In a few moments, ▪ we will begin the landing process. // Please remain seated, ▪ secure your trays, ▪ and fasten your seatbelts. // When the plane has come to a full stop at its gate, ▪ please gather your carry-on luggage, ▪ and wait patiently as the passengers ▪ near the front of the plane exit first. //
Thank you. //

하워드 항공을 이용해주셔서 감사합니다. 몇 분 뒤에 착륙을 시작할 예정입니다. 자리에 앉아 주시고, 트레이를 원위치 해주시고, 안전벨트를 착용해주십시오. 비행기가 탑승구에 완전히 정차했을 때 기내 짐을 챙겨 주시고, 비행기 출구 앞쪽의 승객들이 먼저 내릴 때까지 기다려 주시기 바랍니다. 감사합니다.

어휘 land 착륙하다 remain 계속 ~하다 secure 고정시키다 tray 쟁반, 트레이 fasten 잠그다, 매다 carry-on luggage 기내 수하물

▪ 강조어 ▪ 끊어 읽기 // 문장 사이 끊어 읽기

Q 3-4 Describe a picture

Q3 카페 (야외)

장소	This is a picture taken at an outdoor café terrace. And it seems like a sunny day.	이것은 야외 카페 테라스에서 찍힌 사진입니다. 화창한 날같이 보입니다.
중심 대상	In the middle, there are two women in casual clothes. They are sitting at the table and talking. One of them is wearing sunglasses, and she is looking at the other woman. And that woman is sitting on a chair *with her legs crossed*. I think they are friends.	가운데에, 평상복을 입은 두 여자가 있습니다. 그들은 테이블에 앉아 얘기하고 있습니다. 그들 중 한 명은 선글라스를 쓰고 있고, 다른 여자를 쳐다보고 있습니다. 그 여자는 다리를 꼰 채로 앉아 있습니다. 그들은 친구인 것 같습니다.
배경/ 느낌	Near them, I see a blue bike *parked on the street*.	그들 근처에, 거리에 주차된 파란색 자전거가 보입니다.

■ 기본 답변   ■ IH - AL+ 표현

어휘   terrace 테라스   legs crossed 다리를 꼰

고득점 필수 표현   카페/레스토랑

sitting at the table 테이블에 앉아 있는
ordering food 음식을 주문 중인
wearing a uniform/an apron 유니폼/앞치마를 입은
serving dishes to customers 음식을 서빙하고 있는
They are facing each other. 그들이 서로 바라보고 있다.

looking at the menu 메뉴를 보고 있는
standing behind the counter 계산대 뒤에 서있는
holding a tray 쟁반을 들고 있는
pouring water into a glass 유리컵에 물을 따르고 있는

Q4 사무 환경 (회의실)

장소	This is a picture of a conference room.	이것은 회의실의 사진입니다.
중심 대상	On the right, there are two women wearing white shirts. They are sitting at the table, and staring at something. I think they are talking to someone (on the other side of the room).	오른쪽에, 하얀색 셔츠를 입은 두 여자가 있습니다. 그들은 테이블에 앉아 무언가를 바라보고 있습니다. 그들은 (방의 건너편에 있는) 누군가에게 말하고 있는 것 같습니다.
주변 대상	In the back, I see two women sitting side by side. It seems like they are discussing something.	뒤쪽에, 두 여자가 나란히 앉아있는 것이 보입니다. 그들은 무언가 의논하는 것처럼 보입니다.
배경/ 느낌	In the middle of the room, there is a long table. And on the table, I see a lot of documents, laptops and phones. I think this picture was taken during a meeting.	방의 가운데에, 긴 테이블이 있습니다. 테이블 위에, 많은 서류와 노트북들, 그리고 핸드폰들이 보입니다. 이 사진은 회의 중에 찍힌 사진 같습니다.

■ 기본 답변   ■ IH - AL+ 표현

어휘   conference room 회의실   stare at ~을 응시하다

Q 5-7 Respond to questions

전화 인터뷰

■ 주요 의문사

> Imagine that a supermarket franchise is doing market research and you have agreed to participate in a telephone interview about grocery shopping.
> 슈퍼마켓 체인점이 시장 조사를 하고 있다고 가정해보세요. 그리고 당신은 식료품 구매에 대한 전화 인터뷰에 참여하기로 동의했습니다.

Q5

Q Who usually does the grocery shopping in your house? How often does that person go grocery shopping?

당신의 집에서 주로 누가 식료품을 구매하나요? 얼마나 자주 식료품을 구매하러 가나요?

A My mom usually does the grocery shopping. And she goes shopping once a week.

엄마가 주로 식료품을 구매하고, 일주일에 한 번 식료품을 구매하러 갑니다.

Q6

Q How far away is your nearest grocery store, and how do you usually go there?

가장 가까운 식료품점은 얼마나 떨어져 있고, 보통 그곳에 어떻게 가나요?

A It is about five minutes on foot. I usually walk there.

걸어서 5분 정도 걸리고, 보통 걸어서 갑니다.

Q7

Q Would you consider ordering your groceries online? Why or why not?

온라인으로 식료품을 주문할건가요? 왜 그런가요?

A Yes, I would consider ordering my groceries online.
It is convenient, since I don't have to go there, walk around, and carry heavy grocery bags. They deliver the products to my place.

네, 저는 온라인으로 식료품을 주문할 것입니다. 매장에 가지 않고, 걷지 않고, 무거운 식료품 가방을 들지 않아도 되기 때문에 이것은 편리합니다. 그들은 상품을 집까지 배달해줍니다.

어휘 franchise 체인점, 가맹점 grocery shopping 식료품 주문, 장보기

추가 답변 표현

Q7 No, I wouldn't (온라인으로 식료품 구매 안함)

- The products are usually more expensive when you buy them online.
  온라인으로 상품을 구매하면 보통 가격이 더 비쌉니다.

- They also charge you for the delivery fee.
  그들은 배송비를 부과하기도 합니다.

Q 8-10 Respond to questions using information provided

여행 일정표 (출장)

출장 일정표

문의자: 드레이크 올슨

비행 정보 대한항공, 항공편 82

뉴욕에서 인천
출발 시간   5월 6일 오후 2:30 (존 에프 케네디 공항)
도착 시간   5월 7일 오후 5:45 (인천 공항)

호텔까지 교통편: 전용 차 예약 (운전기사가 도착 게이트에서 당신을 만날 겁니다)

대한항공, 항공편 85

인천에서 뉴욕
출발 시간   5월 10일 오전 11:05 (인천 공항)
도착 시간   5월 10일 오후 12:20 (존 에프 케네디 공항)

5월 8일
오전 11시 - 오후 1시   포스코 산업 공장 방문
오후 1시   공장 관리자 대럴 부쉬와 점심 미팅

5월 9일
오전 10시 - 오후 4시   "한국 건물과 건설 엑스포" 참석 (장소: 켄트 국제 박람회 센터)

> Hi, it's me, Drake. I was getting ready for my business trip to Incheon, Korea. And I need to ask you some questions about my trip.
>
> 안녕하세요, 저는 드레이크입니다. 한국 인천 출장 준비를 하고 있는데, 출장 일정에 대해 몇 가지 문의사항이 있습니다.

■ 주요 의문사

Q8

Q **When** does my flight depart for Incheon, and **what airline** will I be flying with?

제가 탈 비행기가 언제 인천으로 출발하고, 어떤 항공사를 이용하나요?

A Your flight is at 2:30 p.m., and you will be flying with Korean Air.

당신의 비행기는 오후 2시 30분에 있고 항공사는 대한항공입니다.

Q9

Q **Will I need to** rent a car at the airport to get to the hotel?

제가 공항에서 호텔을 갈 때 차를 빌려야 하나요?

A Actually, no. A private car is reserved. And the driver will meet you at the arrival gate.

사실, 아닙니다. 전용 차가 예약되어 있습니다. 그리고 운전기사가 도착 게이트에서 당신을 만날 것입니다.

Q10

Q **Can you give me the details** of my business schedules during my trip?

제 출장 일정을 자세히 알려주시겠어요?

A On May 8th, you will visit the factory at POSCON Industries at 11 a.m. And you have a lunch meeting with Darrel Bush, the factory manager, at 1 p.m. On May 9th, you will attend the Korean Building and Construction Expo at 10 a.m.

당신은 5월 8일 오전 11시에 포스콘 산업 공장을 방문할 예정입니다. 그리고, 공장 관리자 대럴 부쉬와 오후 1시에 점심 미팅이 있습니다. 5월 9일에는 오전 10시에 한국 건물과 건설 엑스포에 참여할 예정입니다.

어휘 itinerary 여행 일정표 departure 출발(편) arrival 도착(편) private (특정 개인집단) 전용의 reserve 예약하다 venue 장소

만점을 부르는 듣기 포인트 고난도 지문의 경우 다음의 단어들에 집중하며 다시 들어보세요.

how / keep customers coming / bookstore / renovations / begin on Monday / some / sections / off-limits / shoppers / not the only problem / extra noise / clutter / distracting / shoppers / not come / figure out / how / maintain / sales targets / renovation

Q11 Express an opinion

Q11 기술의 발달 + 취미/여가

> Do you agree or disagree with the following statement?
> Nowadays, thanks to the development of technology, enjoying hobbies or leisure activities is easier than before.
> Explain your opinion with details.
>
> 다음의 주장에 동의하나요, 반대하나요?
> 오늘날에는 기술의 발달로 취미나 여가 활동을 즐기는 것이 이전보다 쉽다.
> 구체적인 예시로 당신의 의견을 설명하세요.

답변 브레인스토밍

기술의 발달에 따른 이점 설명
- 여가 활동을 위한 다양한 실내 활동 → 예시
- 다양한 여가 활동에 대한 정보 습득 가능

답변 완성

의견	I agree. Nowadays, thanks to the development of technology, enjoying hobbies or leisure activities is easier than before.	저는 동의합니다. 오늘날에는 기술의 발달로 취미나 여가 활동을 즐기는 것이 이전보다 쉽습니다.
근거 + 부연 설명	Most of all, .. there are many facilities and programs for activities. Not only that, but thanks to technology, we can now enjoy leisure activities indoors. For example, .. I've seen indoor skydiving, VR game centers, indoor rock climbing, and many more. So, it is easier and more convenient to do activities these days.	무엇보다도, 여가 활동을 위한 많은 시설과 프로그램들이 있습니다. 그 뿐만 아니라, 기술 덕분에 이제 실내에서 여가 활동을 즐길 수 있습니다. 예를 들어, 저는 실내 스카이다이빙, VR 게임 센터, 실내 암벽 등반 등을 본 적이 있습니다. 따라서, 오늘날에는 여가 활동을 하는 것이 더 쉽고 편리합니다.
근거 2	Secondly, we can easily get information on different activities. We can search for them online, watch TV programs, or view ads on social media.	둘째로, 우리는 다양한 활동에 대한 정보를 쉽게 얻을 수 있습니다. 우리는 활동을 온라인에서 검색하고, TV 프로그램에서 보거나 소셜 미디어에서 광고로 볼 수도 있습니다.
마무리	So, it is much easier to enjoy hobbies than before.	따라서, 예전보다 취미를 즐기기 훨씬 쉽습니다.

■ 기본 답변 ■ IH - AL+ 표현

어휘 thanks to ~덕분에 development 발전 leisure activity 여가 활동 facility 시설 indoor 실내의

추가 답변 표현

Q11 Disagree (반대: 기술의 단점)
- Because of technology, things are worse. 기술로 인해 상황이 더 나빠졌습니다.
- People are getting lazier. They don't go out to enjoy leisure activities.
  사람들은 더 게을러졌고, 여가 활동을 즐기기 위해 야외로 나가지 않습니다.

케이트쌤의 TEST 4 총평

▲ 총정리 특강

전체 난이도 중

문항별 난이도

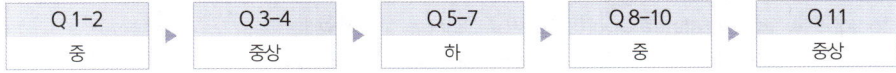

Q 1–2	Q 3–4	Q 5–7	Q 8–10	Q 11
중	중상	하	중	중상

총평

출제 빈도가 높은 질문들로 구성이 되어 있어요. 그러나 약간의 응용이 필요한 문항들이었다고 볼 수 있었는데요. 예를 들어, 사진 묘사 문항에서 익숙한 사진이지만 인물 동작이 동일해 어휘 사용이 제한적일 수 있었어요. Q11 의견 말하기 문항에서는 기술 발전과 시대적 변화, 두 가지 주제를 연관시켜 답변해야 하는 문제로 응용력이 필요했어요.

이것만은 꼭 암기하기!

Q 1-2 안내문 & 기내 방송 관련 어휘 연습

for your convenience, a variety of, remain seated, secure, fasten, carry-on luggage, passengers

Q 3-4 장소 관련 표현 암기

카페(야외)	sitting at the table and talking, ~ is parked on the street
	It seems like a sunny day. / I think they are 관계.
사무 환경(회의실)	staring at sth, talking, discussing sth

Q 5-7 빈출 질문과 답 패턴 암기

How far is the nearest ~? → It's about 10 minutes on foot/by bus/by train.
How do you go/get there? → I go/get there by bus/train., I take the bus/train., I walk/drive there.

Q 8-10 여행 일정표(출장) 관련 어휘와 답변 패턴 암기

You will depart at 이륙 시간. / The departure time is 이륙 시간. / You will visit 장소.

Q 11 기술 발전과 시대적 변화에 따른 긍정적 효과 암기

It is easier and more convenient to do activities these days.
We can easily get information on different activities.

실전 모의고사 5

Q1-2 Read a text aloud

Q1 연설문

Tonight, .. at the Atlanta Sports Awards Dinner, .. we will recognize this league's most dedicated players, .. coaches, .. and managers. // And we will also review some of the most stunning plays from the season. // And finally, .. we will take a look ahead .. toward the future of our organization. //

오늘 밤, 애틀랜타 스포츠 시상식 저녁 만찬에서 우리는 올해 리그에서 가장 헌신적이었던 선수들, 코치들, 매니저들을 표창할 예정입니다. 또한, 우리는 시즌 동안 가장 인상적이었던 경기를 되새길 예정입니다. 마지막으로, 우리는 단체의 미래를 내다볼 예정입니다.

어휘 award 상, 수여 recognize 표창하다, 인정하다 dedicated 헌신적인 stunning 굉장히 멋진, 깜짝 놀랄

Q2 광고문

This Tuesday, .. Holt's German Bakery .. will be giving away free samples of our most popular products. // Guests can try a wide assortment of breads, .. pastries, .. and cakes. // While you enjoy our baked goods, .. you can also have a cup of our freshly brewed coffee. //

이번 주 화요일, 홀트의 독일 베이커리에서는 가장 인기 있는 제품들의 시식분을 무료로 나눠드릴 예정입니다. 손님 여러분들은 다양한 종류의 빵, 페이스트리, 그리고 케이크를 맛볼 수 있습니다. 저희의 제과 제품을 즐기시는 동안 갓 뽑은 신선한 커피도 함께 즐기실 수 있습니다.

어휘 give away 나누어 주다 assortment 모음, 종합 baked goods 제과 제품 brew 커피를 내리다, 만들다

■ 강조어   .. 끊어 읽기   // 문장 사이 끊어 읽기

Q 3-4 Describe a picture

Q3 공원

장소	This is a picture of a park. And it seems like a sunny day.	이것은 공원의 사진입니다. 그리고 화창한 날 같습니다.
중심 대상	On the right side, there are 3 people *in casual clothes*. They are crossing a small bridge. The woman in the blue shirt is carrying a bag. And she is looking at something to her right. And another woman seems to be talking to someone.	오른쪽에, 평상복을 입은 세 명이 있습니다. 그들은 작은 다리를 건너고 있습니다. 파란색 셔츠를 입은 여자는 가방을 메고 있습니다. 그리고 그녀는 그녀의 오른편에 있는 무언가를 바라보고 있습니다. 다른 여자는 누군가에게 말을 하고 있는 것처럼 보입니다.
배경/ 느낌	On the left, I see a pond *under the bridge*. And by the pond, there are some trees *and bushes*.	왼쪽에는, 다리 아래에 있는 연못이 보입니다. 연못 옆에, 여러 나무와 덤불이 있습니다.

■ 기본 답변   ■ IH - AL+ 표현

어휘   cross 건너다   bridge 다리   peaceful 평화로운   pond 연못   bush 덤불

고득점 필수 표현   공원

sitting/leaning on a bench 벤치에 앉아/기대고 있는
jogging/running 조깅을 하고 있는/뛰고 있는
getting some rest 휴식을 취하고 있는
enjoying the view 경치를 즐기고 있는

walking along the path 길을 따라 걷고 있는
taking pictures 사진을 찍고 있는
sitting around the fountain 분수대 주변에 둘러앉아 있는
having a great time 즐거운 시간을 보내고 있는

Q4 도서관

장소	This is a picture of a library.	이것은 도서관의 사진입니다.
중심 대상	In the middle, there is a woman wearing a yellow sweater. And she is carrying a red backpack. She is standing in front of the shelves and looking at some books. It seems like she is picking out a book from the shelves. Also, she is holding a book in one hand.	가운데에, 노란색 스웨터를 입은 한 여자가 있습니다. 그리고 그녀는 빨간색 가방을 메고 있습니다. 그녀는 선반 앞에 서서 몇몇 책을 보고 있습니다. 선반에서 책 한 권을 뽑고 있는 것처럼 보입니다. 또한, 그녀는 한 손으로 책 한 권을 잡고 있습니다.
배경/ 느낌	In front of her, lots of books are displayed on the shelves. They are very neatly organized. And it is pretty dark in the library.	그녀 앞에, 많은 책들이 선반 위에 진열되어 있습니다. 그것들은 깔끔하게 정리되어 있습니다. 도서관 안이 꽤 어둡습니다.

■ 기본 답변   ■ IH - AL+ 표현

어휘   (book) shelves 책장   pick out 꺼내다   neatly 깔끔하게   organized 정돈된

Q 5-7 Respond to questions

전화 인터뷰

■ 주요 의문사

Imagine that a marketing firm is doing research about interior design. And you have agreed to participate in a telephone interview about home design.
마케팅 회사가 인테리어 디자인에 대한 조사를 하고 있다고 가정해보세요. 그리고 당신은 집 디자인에 대한 전화 인터뷰에 참여하기로 동의했습니다.

Q5

Q Do you enjoy decorating your home? And what was the most recent decoration you added to your home?

당신은 집 꾸미는 것을 즐기나요? 그리고 가장 최근에 집에 추가한 장식은 무엇이었나요?

A Yes, I enjoy decorating my home. And the most recent decoration was a plant.

네, 저는 집 꾸미는 것을 즐깁니다. 그리고 가장 최근의 장식은 식물이었습니다.

Q6

Q Would you like to renovate a room in your home by yourself? Why or why not?

당신의 집에 있는 방을 혼자서 수리할 의향이 있나요? 왜 그런가요?

A Yes, I would like to renovate a room in my home by myself, because I'm interested in decorating.

네, 저는 집에 있는 방을 혼자서 수리할 의향이 있습니다. 왜냐하면 저는 장식하는 것에 관심이 있기 때문입니다.

Q7

Q If you were re-decorating a room, would you make your own design or follow an online guide?

만약 당신이 방을 다시 꾸민다면, 자신만의 디자인을 만들 건가요, 아니면 온라인 상의 안내를 따를 건가요?

A I would follow an online guide.
It's easier to follow an online guide, since I just need to follow the directions. And there are many different online guides, so I can re-decorate my room in different ways. So it is more interesting.

저는 온라인 상의 안내를 따를 것입니다.
지시 사항만 따르면 되기 때문에 온라인 안내를 따라 하는 것이 더 쉽습니다. 그리고 여러 가지 온라인 가이드가 있기 때문에 다양한 방법으로 방을 다시 꾸밀 수 있습니다. 따라서, 더 재미있습니다.

어휘   decorate 실내 장식을 하다, 꾸미다   decoration 장식   renovate 개조하다   by oneself 혼자서   direction 지시, 사용법

Q 8-10 Respond to questions using information provided

이력서

딜런 브리그스
이메일: Dylan12@mail.com

지원 직책 홍보 담당자

학력:
- 홍보 석사 학위, 브리티시 콜롬비아 대학교, 2017
- 영문학 학사 학위, 알버트 대학교, 2014

능력:
- 행사 기획 및 조직 가능
- 좋은 프레젠테이션 능력과 의사소통 능력
- 회사 소셜 미디어 계정 운영 가능

업적:
- 대학 소식지 "더 스테이츠맨" 프리랜서 기자

경험 분야:
- 홍보 담당자 보조, 일로이드 보험 회사 (2017 – 현재)
- 정보 통신 담당 보조, 조호르 운영 유한회사 (2012 – 2017)

Hi, I'm scheduled to have an interview with Dylan Briggs, but I can't find his résumé. Since you are in the office, could you answer some of my questions about Mr. Briggs?

안녕하세요. 딜런 브리그스와 인터뷰를 할 예정인데, 그의 이력서를 찾을 수가 없습니다. 당신이 사무실에 있으니 브리그스씨에 대한 질문에 대답해 주실 수 있나요?

■ 주요 의문사

Q8

Q Where did he get his master's degree and what did he study there?

그는 어디서 석사 학위를 받았고, 무엇을 공부했나요?

A He got his master's degree in public relations from the University of British Columbia.

그는 브리티시 콜롬비아 대학교에서 홍보 석사 학위를 받았습니다.

Q9

Q This particular position requires the ability to organize corporate events and promote them online. Do you think this person is qualified for this position?

해당 직책은 기업 행사를 조직하고 그것을 온라인에 홍보할 수 있는 능력을 요구합니다. 이 사람이 해당 직책에 적합하다고 보시나요?

A Yes. He is able to plan and organize events. Also, he is able to operate an organization's social media accounts.

그렇습니다. 그는 행사를 계획하고 조직할 수 있습니다. 또한, 그는 회사의 소셜 미디어 계정을 운영할 수 있습니다.

Q10

Q Will you give me the specifics of his work experience?

그의 업무 경험에 대한 구체적인 내용을 알려주실 수 있나요?

A Sure. He was a communications assistant in Johor Operations Limited (for about 5 years). And he is currently a public relations office assistant in Lloyd Insurance Company.

물론입니다. 그는 조호르 운영 유한회사에서 (약 5년 동안) 정보 통신 담당 보조원으로 일했습니다. 그리고 그는 현재 일로이드 보험 회사의 홍보 담당자 보조입니다.

어휘 application 지원(서) public relations 홍보 literature 문학 account 이용 계정 assistant 보조원 qualified 자격이 있는 specifics 세부, 상세

💡 **만점을 부르는 듣기 포인트**   고난도 지문의 경우 다음의 단어들에 집중하며 다시 들어보세요.

problem / in our restaurant / now / introduced / menu for children / more families / but / children / loud and disruptive / bothering / other customers / long-time customers / complain / noise / ideas / how / keep / children quiet and well-behaved

Q11 Express an opinion

Q11 회사 생활

Do you think that companies should have strict dress codes for employees working in the office?
Use specific reasons and examples to support your opinion.

회사가 사무실에서 일하는 직원들에게 엄격한 복장 규정을 두어야 한다고 생각하나요?
구체적인 이유와 예시를 들어 의견을 뒷받침하세요.

답변 브레인스토밍

회사 생활 문제는 업무의 효율성과 근무 환경 내용으로 풀어나가기
- 유니폼과 정장은 입기 불편 → 불편하면 업무 효율 낮아짐
- 옷은 자신을 표현하는 방법

답변 완성

의견	No, I don't think that companies should have strict dress codes for employees working in the office.	아니요, 저는 회사에서 일하는 직원들에게 엄격한 복장 규정을 두어서는 안된다고 생각합니다.
근거 + 부연 설명	Most of all, .. uniforms and suits are very uncomfortable to wear. They are tight, so it is not easy to walk or move in the office. And .. if employees feel uncomfortable, they can't focus on work. Then, .. they can't work efficiently.	무엇보다도, 유니폼과 정장은 입기 매우 불편합니다. 딱 맞기 때문에 사무실에서 걷거나 활동하는 것이 쉽지 않습니다. 그리고, 만약 직원들이 불편하다면 일에 집중할 수 없습니다. 그러면 그들은 효율적으로 일할 수 없습니다.
근거 2	Secondly, it is important (for employees) to express themselves with what they wear. So, if they have to wear uniforms or suits, they can't do that.	둘째로, 옷을 입는 것으로 자신을 표현하는 것은 중요합니다. 그래서 만약 그들이(직원들이) 유니폼과 정장을 입어야 한다면 이를 할 수 없게 됩니다.
마무리	So .. to them, strict dress codes are not reasonable.	따라서, 그들에게 엄격한 복장 규정은 합리적이지 않습니다.

■ 기본 답변   ■ IH - AL+ 표현

어휘   strict 엄격한   dress code 복장 규정   tight 꽉 조이는   express 표현하다   reasonable 합리적인

추가 답변 표현

Q11 Yes (회사 내 복장 규정에 동의)
- It is more convenient every morning because you don't need to worry about what to wear.
  무엇을 입을지 고민하지 않아도 되므로 매일 아침 더 편리합니다.
- Employees can feel a sense of unity.
  직원들이 일체감을 느낄 수 있습니다.

케이트쌤의 TEST 5 총평

▲ 총정리 특강

전체 난이도 **상**

⊙ 문항별 난이도

Q 1-2	Q 3-4	Q 5-7	Q 8-10	Q 11
상	상	중상	중상	중상

⊙ 총평

Q1-4, Q11에서 난이도 높은 어휘가 등장해서 문제 풀이에 어려움을 느꼈다면 문항별로 어휘를 정리하는 복습을 반드시 진행해주세요. 시험장에서 어떤 주제가 나올지 모르기 때문에 최대한 다양한 주제들로 연습해보고 관련 어휘를 암기하는 것이 중요해요. 만약 시험장에서 모르는 문제가 등장해도 무응답은 절대 안돼요. 개인적인 경험이나 관련 예시를 들어 반드시 답변 시간을 채워주세요.

⊙ 이것만은 꼭 암기하기!

Q 1-2 연설문 & 광고문 관련 어휘 연습

awards, recognize, leagues, dedicated, take a look, organization
most popular, a wide assortment of

Q 3-4 장소 관련 표현 암기

공원	park, crossing the bridge, water/pond/lake, bushes, by the water, carrying a bag
도서관	standing in front of the shelves, picking sth out

Q 5-7 빈출 질문과 답 패턴 암기

Do you enjoy ~? → Yes, I do. / No, I don't.

Q 8-10 이력서 관련 학력, 능력 묘사 표현과 답변 패턴 암기

학력	He got his Bachelor's/Master's degree in 전공 from 학교 in 수여 연도.
능력	He has ___ skills. / He is able to 능력.

Q 11 회사 관련 문제는 업무의 효율성과 근무 환경 내용으로 접근

If employees feel uncomfortable, they can't focus on work. They can't work efficiently.
Strict dress codes are not reasonable.

모범 답변 및 해설
실전 모의고사 6

Q 1-2 Read a text aloud

Q1 광고문

If you are ready to take your dream vacation, .. let Jackson Travel Group .. help you plan it. // We guarantee that .. our agents are proficient, .. friendly, .. and always available. // You can find out for yourself .. why we were voted the best travel agency in the state. // So, .. make an appointment with us today. //

꿈 같은 여행을 떠날 준비가 되셨다면, 잭슨 트래블 그룹이 그것을 계획하도록 도와드리겠습니다. 저희 직원들은 유능하고, 친절하고, 언제든 도움을 드릴 수 있다는 것을 보장합니다. 저희가 국내 최고의 여행 업체로 선정된 이유를 아실 수 있을 것입니다. 그러니, 오늘 저희와 예약을 하세요.

어휘 guarantee 보장하다, 확신하다 agent 에이전트, 대리인 friendly 친절한 vote 선출하다

Q2 관광 안내문

Good morning, everyone. // I will be your trail guide today .. as we hike through the beautiful forests .. of Wayne National Park. // If you could look at the schedules I provided, .. I'd like to bring your attention to one change. // We will now stay at .. Bowler Lake .. until 2:30, .. so you'll have an extra thirty minutes .. for resting, .. exploring, .. and viewing the scenery. //

모두들 좋은 아침입니다. 저는 오늘 우리가 웨인 국립 공원의 아름다운 숲길을 하이킹하는 동안 여러분의 트레일(코스) 가이드를 맡도록 하겠습니다. 제공해드린 일정표를 보시면, 한 가지 변경 사항에 집중해주시길 바랍니다. 저희는 이제 보울러 호수에 오후 2시 30분까지 머무를 예정이므로, 여러분들은 휴식, 탐험, 그리고 경치를 즐기는 30분의 추가 시간을 가지게 될 것입니다.

어휘 trail (관광) 루트, 코스 forest 숲 bring attention to ~에 관심을 가져오다 rest 쉬다 explore 답사하다

■ 강조어 .. 끊어 읽기 // 문장 사이 끊어 읽기

Q 3-4 Describe a picture

Q3 버스 정류장

장소	This is a picture of a bus stop.	이것은 버스 정류장의 사진입니다.
중심 대상	On the left side, there is a man in a black jacket and red pants. He is sitting on a bench, leaning back. It seems like he is waiting for his bus.	왼쪽에, 검은색 자켓과 빨간색 바지를 입고 있는 한 남자가 있습니다. 그는 의자에 앉아 뒤에 기대고 있습니다. 그는 버스를 기다리고 있는 것 같아 보입니다.
주변 대상	Next to him, there are two women. And they are both staring at something. On the right, a man is standing on the street, talking on the phone.	남자 옆에, 두 명의 여자가 있습니다. 그리고 그들은 무언가를 바라보고 있습니다. 오른쪽에, 거리에서 서서 통화를 하고 있는 한 남자가 있습니다.
배경/ 느낌	At the bus stop, I see some big maps. I think they are bus routes. And I think this picture was taken in winter.	버스 정류장에 큰 지도들이 보입니다. 버스 노선도인 것 같습니다. 그리고 이 사진은 겨울에 찍힌 것 같습니다.

■ 기본 답변   ■ IH - AL+ 표현

어휘   lean ~에 기대다   stare 쳐다보다, 응시하다   route 노선, 길   display 전시, 진열

고득점 필수 표현   버스 정류장&길거리

waiting in line at the bus stop 버스 정류장에서 줄을 서서 기다리고 있는
giving directions 길을 가르쳐주고 있는   looking at the map 지도를 보고 있는
pointing somewhere 어딘가를 가리키고 있는   The road is under construction. 그 도로는 공사 중이다.

Q4 레스토랑

장소	This is a picture taken in a restaurant kitchen.	이것은 레스토랑 부엌에서 찍힌 사진입니다.
중심 대상	On the right, there is a man wearing a chef's coat and a hat. He is standing at a table, and cutting some vegetables. And he seems very focused.	오른쪽에, 조리복과 모자를 입은 한 남자가 있습니다. 그는 테이블에 서서 야채를 자르고 있습니다. 그리고 그는 매우 집중한 것 같아 보입니다.
주변 대상	In the back, there is a woman also in a chef's uniform. She is taking a carrot out of the bowl.	뒤에는, 셰프 유니폼을 입은 한 여자가 있습니다. 그녀는 그릇에서 당근을 꺼내고 있습니다.
배경/ 느낌	On the table, I see some plates, bowls of vegetables, and some knives. And I think they are chefs working for a restaurant.	테이블 위에는, 몇몇 접시와 야채 그릇, 그리고 칼들이 보입니다. 그들은 레스토랑에서 일하는 셰프들인 것 같습니다.

■ 기본 답변   ■ IH - AL+ 표현

어휘   chef's coat 조리복   take out 꺼내다, 가지고가다

Q 5-7 Respond to questions

지인과의 통화

■ 주요 의문사

> Imagine that you are talking to a friend. And you are having a conversation about making plans with friends from work or school.
> 친구와 대화를 하고 있다고 가정해보세요. 당신은 회사나 학교의 친구들과 계획을 세우는 것에 대해 대화를 나누고 있습니다.

Q5

Q When was the last time you made social plans with someone from work or school? What did you do together?

회사나 학교에서의 누군가와 마지막으로 사교적인 계획을 세운 것은 언제인가요? 함께 무엇을 했나요?

A The last time was 2 weeks ago. And we went to a park and played games.

마지막은 2주 전이고, 저희는 공원에 가서 게임을 했습니다.

Q6

Q How often do you meet with people from work or school socially? Would you like to meet them more often?

회사나 학교에서의 사람들과 사교적인 만남을 얼마나 자주 갖나요? 그들을 더욱 자주 만날 의향이 있나요?

A I meet with them once a week. And yes, I would like to meet them more often.

저는 그들을 일주일에 한 번 만나고, 네, 저는 그들을 더욱 자주 만날 의향이 있습니다.

Q7

Q Do you think it's good to have friendly relationships with people from work or school? Why or why not?

회사나 학교에서의 사람들과 친한 관계를 맺는 것이 좋다고 생각하나요? 왜 그런가요?

A Yes, I think it is good to have friendly relationships with people from work or school. We meet them every day at work or school. So we feel comfortable working together. Then, it's less stressful when I work or study. Also, we can help each other, and solve problems together.

네, 회사나 학교에서의 사람들과 친한 관계를 맺는 것이 좋다고 생각합니다. 우리는 회사나 학교에서 매일 만납니다. 따라서 함께 일하는 것이 편합니다. 그러면, 제가 일을 하거나 공부를 할 때 스트레스를 덜 받을 수 있습니다. 또한, 우리는 서로 도와주면서 문제를 함께 풀어나갈 수 있습니다.

어휘 social 사교적인 friendly 친한, 친구 사이의 relationship 관계

추가 답변 표현

Q7 No [친한 관계를 맺는 것은 좋지 않음]

- If we get too comfortable, we can't focus on work or studying.
  우리가 너무 가까워지면 일이나 공부에 집중할 수 없습니다.

- We chat while studying or working. Then, we can't work efficiently, and we waste time.
  우리는 공부나 일을 하는 동안 잡담을 합니다. 그러면, 일을 효율적으로 할 수 없고 시간을 낭비합니다.

Q 8-10 Respond to questions using information provided

면접 일정표

<table>
<tr><td colspan="5" align="center">펜타곤 디자인
일자: 2월 20일
장소: 세미나 룸 C</td></tr>
<tr><th>시간</th><th>면접 대상자</th><th>지원 직책</th><th>현재 회사</th><th>경력</th></tr>
<tr><td>오전 10:00 - 오전 10:30</td><td>칼 랭커스터</td><td>웹 디자이너</td><td>로미 회사</td><td>4년</td></tr>
<tr><td>오전 10:30 - 오전 11:00</td><td>베일리 데비스</td><td>보조 디자이너</td><td>호프 디자인 회사</td><td>1년</td></tr>
<tr><td>오전 11:00 - 오전 11:30</td><td>나오미 와얏</td><td>비서</td><td>비타크래프트 회사</td><td>2년</td></tr>
<tr><td>오전 11:30 - 오후 12:00</td><td>산드라 제임스</td><td>웹 프로그래머</td><td>트레비 디자인 에이전시</td><td>4년</td></tr>
<tr><td>오후 12:00 - 오후 12:30</td><td>켈빈 오언스</td><td>웹 디자이너</td><td>트레비 디자인 에이전시</td><td>6개월</td></tr>
</table>

Hi, my name is Aiden. As you know, I have several interviews coming up in a couple of days. And I'd like to ask you a few questions about them.

안녕하세요. 제 이름은 에이든입니다. 아시다시피 며칠 뒤 다가오는 몇 개의 면접이 있는데요. 그것에 관해 몇 가지 질문을 좀 하고 싶습니다.

■ 주요 의문사

Q8

Q Where will the interviews take place, and what time will my interviews end?

면접은 어디서 열리고, 그것들은 몇 시에 끝나나요?

A They will take place in Seminar Room C. And the interviews will end at 12:30 p.m.

면접은 세미나 룸 C에서 열리고, 오후 12시 30분에 끝날 예정입니다.

Q9

Q I'd like some details about the candidate applying for the secretary position.
Who is it, and how many years of experience does that person have?

비서 직책에 지원하는 사람에 대한 세부사항을 좀 알고 싶네요.
그 사람은 누구이고, 경력이 몇 년인가요?

A Naomi Wyatt is applying for the position, and she has 2 years of experience (at Vitakraft Corporate).

나오미 와얏이 그 직책에 지원하였고, 그녀는 (비타크라프트 회사에서) 2년의 경력을 갖고 있습니다.

Q10

Q I remember people from Trevi Design Agency were quite impressive. So, I'd like to find out more about the candidates who are currently working for Trevi Design. Can you tell me about them?

트레비 디자인 에이전시의 사람들이 꽤나 인상깊었다고 기억합니다. 그래서 현재 트레비 디자인 에이전시에서 일하고 있는 지원자들에 대해 좀 더 알고 싶네요. 그들에 대해 말해줄 수 있나요?

A There are 2 candidates from Trevi Design Agency. One is Sandra James, who is applying for the web programmer position. She has 4 years of experience. And her interview is at 11:30 a.m. The other is Kelvin Owens, who is applying for the web designer position. He has 6 months of experience. And his interview is at 12 p.m.

트레비 디자인 에이전시에서 지원한 지원자는 2명이 있습니다. 한 명은 산드라 제임스로, 웹 프로그래머 직책에 지원했습니다. 그녀는 4년의 경력이 있고, 면접 시간은 오전 11시 30분입니다. 또 다른 한 명은 켈빈 오언스로, 그는 웹 디자이너 직책에 지원했습니다. 그는 6개월의 경력이 있고, 면접 시간은 오후 12시입니다.

어휘 interviewee 면접 대상자 apply for ~에 지원하다 current 현재의 secretary 비서 candidate 지원자
impressive 인상적인 experience 경력

만점을 부르는 듣기 포인트 고난도 지문의 경우 다음의 단어들에 집중하며 다시 들어보세요.

office building's / parking garage / Recently / security / parking / improved / employees / parking passes / parking spots / but / complaints / workers / not read the email / causing problems / new system / need to do more / just sending out an email

Q11 Express an opinion

Q11 회사 생활

> Do you agree or disagree with the following statement?
> *Companies should pay for the employee's expenses for work-related education outside the company.*
> Explain your opinion with details.
> 다음의 주장에 동의하나요, 반대하나요?
> 사외에서 열리는 업무 관련 교육의 직원 지출을 회사가 부담해줘야 한다.
> 구체적인 예시를 가지고 당신의 의견을 설명하세요.

답변 브레인스토밍

회사의 교육 지원과 직원의 업무 효율성&동기 부여 사이의 관계 설명
- 회사의 성장과 성공 가능 → 교육 후 업무에 적용 → 문제 해결 & 역할 확장
- 직원 동기 부여 → 회사의 지원에 감사함

답변 완성

결론	I agree with the statement that companies should pay for the employee's expenses for work-related education outside the company.	사외에서 열리는 업무 관련 교육의 직원 지출을 회사가 부담해줘야 한다는 주장에 동의합니다.
근거 + 부연 설명	Most of all, the company can grow and be successful. By getting further education, workers can learn work skills that can be applied at work. With the skills, they deal with problems better. Also, they can extend their roles in the company, and are thus more productive.	무엇보다도, 회사가 성장하고 성공적으로 될 수 있습니다. 추가적인 교육을 받음으로써, 직원들은 실무에 적용할 수 있는 업무 기술을 배울 수 있습니다. 이러한 기술로 그들은 문제를 더욱 잘 해결할 수 있습니다. 또한, 그들의 회사 내 역할을 더 확장시키고 따라서 더욱 생산적이 될 수 있습니다.
근거 2	Secondly, it contributes to employee motivation and loyalty. Class fees (outside the company) are usually pretty high. So the workers would appreciate the company's (financial) support, and they would be motivated.	둘째로, 그것은 직원 동기와 충성심에 기여합니다. (사외의) 수업 가격은 보통 꽤 높습니다. 따라서 직원들은 회사의 (재정적인) 도움을 감사히 생각할 것이고, 그들은 동기가 더욱 부여될 것입니다.
마무리 (생략 가능)	I agree with the statement that companies should pay for the employee's expenses for work-related education outside the company.	사외에서 열리는 업무 관련 교육의 직원 지출을 회사가 부담해줘야 한다는 주장에 동의합니다.

■ 기본 답변 ■ IH - AL+ 표현

어휘   expense 비용 work-related 일과 관련된 statement 진술 further 추가의 apply 적용하다, 쓰다 extend 확장하다 role 역할 productive 생산적인 contribute ~의 원인이 되다, 기여하다 motivation 동기 부여 loyalty 충실 appreciate 고마워하다 financial 재정의

케이트쌤의 TEST 6 총평

▲총정리 특강

전체 난이도 중상

◎ 문항별 난이도

Q 1-2	Q 3-4	Q 5-7	Q 8-10	Q 11
중상	상	중하	중	중상

◎ 총평
토익스피킹 유경험자라면 익숙한 주제였고 그렇지 않으면 낯설다고 느낄 만한 주제들로 구성이 되어 있어요. 주제들의 친숙함은 어휘에서 오기 때문에 다양한 문제들을 풀어보면서 어휘력을 늘려가야 해요.

◎ 이것만은 꼭 암기하기!

Q 1-2 광고문 & 관광 안내문 관련 어휘 연습
if you are ready, we guarantee that, available, the best agency, make an appointment
guide, bring your attention to, scenery

Q 3-4 장소 관련 표현 암기
버스정류장   a bus stop, sitting on a bench, waiting for the bus
레스토랑   taking sth out of, plates, bowls

Q 5-7 빈출 질문과 답 패턴 암기
Would you like to ~? → Yes, I'd like to / No, I wouldn't like to ~.

Q 8-10 면접 일정표 관련 어휘와 답변 패턴 암기
지원   사람 is applying for the 지원 직책 position.
경력   사람 has 경력 기간 years of experience.
interviewer-interviewee (면접관-지원자)   employer-employee(고용자-직원)

Q 11 회사의 교육 지원과 직원의 업무 효율성&동기 부여 사이의 관계 설명
The company can grow and be successful. Employees deal with problems better.
It contributes to employee motivation, and loyalty. They would be motivated.

모범 답변 및 해설
실전 모의고사 7

Q 1-2 Read a text aloud

Q1 광고문

When the temperature is high, ■ nothing beats a nice cool cup of shaved ice. // At Ice Castle, ■ conveniently located in Kingston Plaza, ■ you can enjoy a variety of sweet, ■ sour, ■ and fruity flavors. // This month only, ■ post about us on social media ■ and receive a free treat. //

기온이 높을 때에는(날이 더울 때에는), 맛있고 시원한 빙수 한 컵 만한 것이 없습니다. 접근성이 좋은 킹스턴 플라자에 위치한 아이스 캐슬에서 달콤함과 새콤함, 그리고 과일 맛의 여러 가지 풍미를 즐기실 수 있습니다. 이번 달에 한해 저희 매장에 대해 소셜 미디어에 게시하고 무료 선물도 받아가세요.

어휘 temperature 온도 nothing beats ~ ~만한 것이 없다, ~보다 나은 것이 없다 conveniently 편리하게 free treat 무료 선물

Q2 안내문

Welcome, everyone, ■ to the Jefferson Jazz Competition. // Every band has come to showcase their amazing talents for you. // If there's a group you especially like, ■ consider visiting the vendors in the front hallway ■ to purchase a recording. // Now relax, ■ turn off your phones, ■ and get ready for some great music. //

제퍼슨 재즈 경연 대회에 오신 여러분 모두를 환영합니다. 모든 밴드들이 여러분에게 놀라운 재능을 공개하기 위해 모였습니다. 만약 특별히 좋아하는 그룹이 있다면, 음반 구입을 위해 앞쪽 복도의 판매대를 방문해보세요. 자, 이제 모두 긴장을 푸시고 휴대폰도 끄고 멋진 음악을 위해 준비해주세요.

어휘 competition 경쟁 showcase 소개하다, 돋보이게 하다 talent 재능 especially 특별히 vendor 판매대, 노점상 hallway 복도 recording 음반, 레코드

■ 강조어 ■ 끊어 읽기 // 문장 사이 끊어 읽기

Q 3-4 Describe a picture

Q3 사무 환경 (회의실)

장소	This is a picture of a conference room.	이것은 회의실의 사진입니다.
중심 대상	I see 6 people sitting around the table. They are all staring at the screen on the table. It seems like they are having a video conference. One of them is holding a blue chart in his hands.	테이블에 둘러 앉아있는 여섯 명의 사람이 보입니다. 그들은 테이블 위에 있는 화면을 쳐다보고 있습니다. 그들은 화상 회의를 하고 있는 것 같이 보입니다. 그들 중 한 명은 파란색 차트를 손에 들고 있습니다.
주변 대상	On the screen, a woman is giving a presentation. And everyone is paying attention to her presentation.	화면에는, 한 여자가 발표를 하고 있습니다. 그리고 모두가 그녀의 발표에 집중하고 있습니다.
배경/ 느낌	On the table, I see documents, laptops, and some other devices.	테이블 위에는, 서류와 노트북들, 그리고 여러 기기가 보입니다.

■ 기본 답변 ■ IH - AL+ 표현

어휘 conference room 회의실 stare 쳐다보다, 응시하다

고득점 필수 표현   사무실

sitting around the table 테이블에 둘러 앉아 있는
giving a presentation 발표를 하는 중인
reading some documents 서류를 읽고 있는
holding some documents and looking at them 서류를 들고 보고 있는
Everyone seems to be focusing. 모두가 집중하고 있는 것처럼 보인다.
working together 함께 일하는 중인
paying attention to the presentation 발표에 집중하고 있는
looking at the computer screen 컴퓨터 화면을 보고 있는

Q4 거리

장소	This is a picture taken on a street.	이것은 거리에서 찍힌 사진입니다.
중심 대상	On the right, there is a man wearing casual clothes. He is carrying a backpack and standing behind a car. He is bending over to pick up the bag. And I think he is about to put the bag in the car trunk.	오른쪽에, 평상복을 입은 한 남자가 있습니다. 그는 가방을 메고 있으며 차 뒤에 서 있습니다. 그는 가방을 들기 위해 허리를 구부리고 있습니다. 그는 그 가방을 차 트렁크에 넣으려고 하는 것 같습니다.
주변 대상	On the left, a woman is walking towards the car. She has some carry-on luggage with her.	왼쪽에, 한 여자는 차를 향해 걸어오고 있습니다. 그녀는 여러 소지품을 가지고 있습니다.
배경/ 느낌	The weather seems very nice. And I think they are going on a trip.	날씨가 매우 좋아 보입니다. 그들은 여행을 가는 것 같습니다.

■ 기본 답변   ■ IH - AL+ 표현

어휘   bend over 몸을 구부리다   carry-on luggage 소지품

Q 5-7 Respond to questions

전화 인터뷰

■ 주요 의문사

> Imagine that an American marketing firm is doing research in your country. You have agreed to participate in a survey about live music.
> 미국의 한 마케팅 회사가 당신의 나라에서 조사를 하고 있다고 가정해보세요. 당신은 라이브 음악(공연)에 대한 설문조사에 참여하기로 동의했습니다.

Q5

Q: How often do you attend a live music performance, and is there a live music venue in your town?

얼마나 자주 라이브 음악 공연을 보러 가고, 당신의 도시에 라이브 음악 공연 장소가 있나요?

A: I attend a live music performance a few times a year. And yes, there is a live music venue in my town.

저는 일년에 라이브 음악 공연을 몇 번 보러 가고, 네, 제 도시에 라이브 음악 공연 장소가 있습니다.

Q6

Q: How do you get information about live music events in your area?

당신 지역의 라이브 음악 공연에 대한 정보를 어떻게 얻나요?

A: I can get information on the website and from local newspapers.

저는 웹사이트와 지역 신문에서 정보를 얻을 수 있습니다.

Q7

Q: Do you prefer listening to live music at a concert or to recorded music at your home? Why?

당신은 콘서트에서 라이브 음악을 듣는 것을 선호하나요, 아니면 집에서 녹음된 음악을 듣는 것을 선호하나요? 왜 그런가요?

A: I prefer listening to recorded music at home, because it's convenient. I don't have to buy the tickets and go to the venue. And it's cheaper, because live music tickets are expensive.

저는 집에서 녹음된 음악을 듣는 것을 선호합니다. 왜냐하면 그것은 편리하기 때문입니다. 입장권을 살 필요도, 공연 장소에 갈 필요도 없습니다. 그리고 더 저렴한데, 이는 라이브 음악 공연 입장권이 비싸기 때문입니다.

어휘 live music 라이브 음악(공연) attend 참석하다 venue 장소 local 지역의

추가 답변 표현

Q7 Prefer live music at a concert (콘서트의 라이브 음악 선호)

- I can see my favorite musician play.
  제가 가장 좋아하는 음악가가 공연하는 것을 볼 수 있습니다.

- My friends and I love to go to a concert together.
  제 친구들과 저는 함께 콘서트에 가는 것을 정말 좋아합니다.

Q 8-10 Respond to questions using information provided

행사 일정표 (워크샵)

버클리 필름 아카데미
다큐멘터리 영화 제작 워크샵
시간: 오전 9:00 - 오후 5:00
장소: 강당

날짜	주제와 테마	발표자
5월 4일	다큐멘터리 영화를 위한 스토리 아이디어의 적합성 평가하기	마리아 로페스
5월 11일	다큐멘터리 영화를 위한 다양한 자료 찾기	마리아 로페스
5월 18일	예산 편성의 기초	아델 코르도사
5월 25일	고용관리 전략	도나 카리브
6월 22일	(영화) 후반 작업 계획하기	개빈 리

Hi, I am a freelance videographer, and I am very interested in documentary filming. So I'm planning to attend the workshops that you are holding. Will you help me with a few questions?

안녕하세요, 저는 프리랜서 영상 제작자이고, 다큐멘터리 영화에 굉장히 관심이 많습니다. 그래서 당신이 주최하는 워크샵에 참석하고자 합니다. 몇 가지 질문을 드려도 될까요?

■ 주요 의문사

Q8

Q <u>Where</u> will the workshops be held, and <u>what time</u> will the sessions end?

워크샵은 어디에서 열리고, 수업은 몇 시에 끝나요?

A The location is the auditorium, and the sessions end at 5 p.m.

장소는 강당이고, 수업은 오후 5시에 끝납니다.

Q9

Q <u>I remember</u> there was a session on planning the post-production stages like editing or sound mixing in May. <u>Is this right</u>?

5월에는 편집하기나 사운드 믹싱과 같은 (영화) 후반 작업을 계획하는 수업이 있다는 것을 기억해요, 맞나요?

A Actually, that is on June 22nd, not in May.

사실, 그것은 5월이 아니라 6월 22일에 있습니다.

Q10

Q My colleagues suggested that I attend the sessions led by <u>Maria Lopez</u>. Could you give me some <u>details</u> on them?

제 동료들은 마리아 로페스의 수업에 참석하기를 추천했어요. 그 수업들에 대해 자세히 알려주실 수 있나요?

A Sure. There are 2 sessions.
First, on May 4th, there is a session on assessing the suitability of story ideas for documentary films. Second, on May 11th, there is a session on identifying diverse resources for documentary films.

그럼요. 2개의 수업이 있습니다.
첫째로, 5월 4일에 다큐멘터리 영화를 위한 스토리 아이디어의 적합성 평가하기 수업이 있습니다. 둘째로, 5월 11일에 다큐멘터리 영화를 위한 다양한 자료 찾기 수업이 있습니다.

어휘 assess 평가하다 suitability 적합(성) diverse 다양한 resource 재료, 자원 fundamentals 기초, 기본 원칙, 핵심 budget 예산을 세우다

만점을 부르는 듣기 포인트 고난도 지문의 경우 다음의 단어들에 집중하며 다시 들어보세요.

problem concerning / clothing store / need / urgent repair work / limited to half / store space / issue / holiday season is coming / too crowded / find a way / comfortably handle / customers

Q11 Express an opinion

Q11 회사 생활

> Would you prefer to work in one company for a long time or change companies throughout your career?
> Use specific reasons or examples to support your opinion.
>
> 당신의 경력을 통틀어 한 곳의 회사에서 오랫동안 일하는 것과 경력 중에 회사를 이직하는 것 중 어떤 것을 더 선호하나요?
> 구체적인 이유와 예시를 들어 당신의 의견을 뒷받침하세요.

답변 브레인스토밍

한 가지를 오래 할 때의 장점 설명

- 경력의 성공에 좋음 → 업무 과정과 시스템을 알아 편히 근무 → 생산성 증가
- 일하기 편함 → 동료들을 잘 알기 때문에 일할 때 스트레스 적음

답변 완성

결론	I would prefer to work in one company for a long time.	저는 한 회사에서 오랫동안 일하는 것을 선호합니다.
근거 + 부연 설명	Most of all, it is a great way to make my career a success. Since I know the work process and systems, everything becomes easy for me. Thus, I work more efficiently and improve my work productivity.	무엇보다도, 제 경력을 성공으로 이끄는 중요한 방법이기 때문입니다. 제가 업무 과정과 시스템을 모두 알기 때문에, 모든 것이 쉬워질 것입니다. 따라서, 저는 더 효율적으로 일하고 업무 생산성을 개선시킬 수 있습니다.
근거 2	Secondly, things become more comfortable at work. Since I know my colleagues well, and am very familiar with their work style, it becomes easier for me to work with them. And it is less stressful as well.	둘째로, 회사에서 모든 것들이 더 편해질 것입니다. 제 동료들과 그들의 업무 방식을 모두 잘 알기 때문에 그들과 일하는 것이 더 쉬워질 것입니다. 이것은 또한 스트레스를 덜 받는 일입니다.
마무리 (생략 가능)	I would prefer to work in one company for a long time.	저는 한 회사에서 오랫동안 일하는 것을 선호합니다.

■ 기본 답변　■ IH - AL+ 표현

어휘 throughout ~동안 쭉, 내내　efficiently 효율적으로　work productivity 업무 생산성　colleague 동료　be familiar with ~에 익숙하다

추가 답변 표현

Q11 Change companies (이직하는 것 선호)

- I can experience a new environment.
  새로운 환경을 경험할 수 있습니다.

- I get to work with new people and I can learn something from them.
  새로운 사람들과 일하게 되고 그들에게서 무언가를 배울 수 있습니다.

케이트쌤의 TEST 7 총평

▲ 총정리 특강

전체 난이도 중

✓ 문항별 난이도

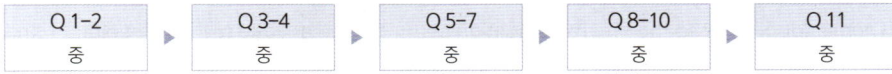

Q 1-2	Q 3-4	Q 5-7	Q 8-10	Q 11
중	중	중	중	중

✓ 총평

전체적으로 토익스피킹 시험에 자주 등장하는 익숙한 문제들로 구성된 세트였어요. Q11 의견 말하기 문제는 소소한 소재나 주제 변화에 민감하기보다 전체 맥락을 잘 잡고 흐름대로 생각한다면 답변 아이디어를 떠올릴 수 있어요. 업무의 생산성과 효율성을 중심으로 답변을 뒷받침하는 예시를 들고 세부사항을 설명한다면 어렵지 않게 답변할 수 있는 문제였어요.

✓ 이것만은 꼭 암기하기!

Q 1-2 광고문 & 안내 방송 관련 어휘 연습

temperature, conveniently located, a variety of, flavors, this month only, receive a free treat competition, consider visiting, purchase

Q 3-4 장소 관련 표현 암기

사무실	a conference/meeting room, staring at the screen, having a (video) conference, giving a presentation, paying attention
거리	picking sth up, putting sth in, walking towards sth/sby

Q 5-7 빈출 질문과 답 패턴 암기

How do you get information? → I get it online. / I use apps. / I ask people.

Q 8-10 수업 일정표 관련 어휘와 답변 패턴 암기

On 날짜, there is a <u>수업 내용</u> class led by <u>강사</u>.
On 날짜, we have a <u>수업 내용</u> course led by <u>강사</u>.

Q 11 한 가지를 오래 지속할 때의 장점 (or 다양성에 대한 장점) 언급

I know the work process. So everything becomes easy for me.
Thus, I work more efficiently and improve my work productivity.
Things become more comfortable at work. So, it is less stressful.

모범 답변 및 해설
실전 모의고사 8

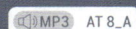

Q 1-2 Read a text aloud

Q1 연설문

Thanks for coming to the statue dedication ceremony .. at Lake Merritt Hospital. // In the courtyard, .. we have placed a statue of Dr. Owen Chalk. // During his time here, .. he served as chief of medicine, .. treated countless patients, .. and performed over one thousand successful surgeries. // And even though he retired ten years ago, .. he still serves the hospital .. as a volunteer and board member.

레이크 메리트 병원의 동상 준공식에 와주셔서 감사합니다. 마당에 오웬 초크 박사님의 동상을 세웠습니다. 저희 병원에 있는 동안 그는 의학과장을 지내며 셀 수 없이 많은 환자들을 치료하고, 천 번이 넘는 성공적인 수술을 시행했습니다. 10년 전에 은퇴하였음에도 불구하고, 그는 여전히 병원의 자원봉사자 및 이사회 의원으로 활동하고 있습니다.

어휘 statue 동상, 조각상 dedication ceremony 준공식 chief ~장, 과장 treat 치료하다 countless 셀 수 없이 많은 patient 환자 retire 은퇴하다 serve 기여하다 board member 이사

Q2 방송 대본: 인물 소개

Tonight, .. Mayor Ronald Oxley is joining us .. on our weekly radio show. // Mayor Oxley, .. who won last month's election, .. will be talking about his plans .. for improving the city's waterfront. // And later on, .. listeners are invited to ask him questions .. by calling the station, .. posting on social media, .. or sending a text message. //

오늘 밤 주간 라디오 쇼에는 로널드 옥슬리 시장이 함께 합니다. 지난 달 선거에서 당선된 옥슬리 시장은 도시의 해안가 개선 계획에 대해 알려줄 것입니다. 그 후 청취자분들은 방송국으로의 전화 연결이나 소셜 미디어 게시, 혹은 문자 전송을 통해 시장님께 질문을 하실 수 있습니다.

어휘 mayor 시장 election 선거 waterfront 해안가 station 방송국

■ 강조어   .. 끊어 읽기   // 문장 사이 끊어 읽기

Q 3-4 Describe a picture

Q3 농장/자연

장소	This is a picture of a pumpkin farm.	이것은 호박 농장의 사진입니다.
중심 대상	In the middle, there are 2 people, a man and a boy. I think they are father and son. The man is holding a big pumpkin and putting it in the wheelbarrow. And the boy is holding the wheelbarrow.	가운데에, 한 남자와 한 소년, 두 명의 사람이 있습니다. 그들은 아빠와 아들인 것 같습니다. 남자는 큰 호박을 들고 손수레에 넣고 있습니다. 소년은 손수레를 잡고 있습니다.
배경/ 느낌	Around them, I see a lot of pumpkins lying around everywhere. And also, there are fences and trees in the back. And it seems like a very cold day.	그들 주변에는, 많은 호박들이 여기저기에 있습니다. 그리고 또한, 울타리와 나무들이 뒤에 있습니다. 매우 추운 날인 것 같아 보입니다.

■ 기본 답변　■ IH - AL+ 표현

어휘　farm 농장　wheelbarrow 외바퀴 손수레　lying (lie의 현재분사) 놓여있는　here and there 여기저기에

고득점 필수 표현　시골/야외 풍경

There are a lot of trees with green leaves. 푸른 잎이 무성한 나무들이 많이 있다.
The weather seems very nice. 날씨가 매우 좋아 보인다.
It looks calm and peaceful. 고요하고 평화로워 보인다.
It must be spring/summer/fall/winter. 봄/여름/가을/겨울임이 분명하다.

Q4 교실 (미술 수업)

장소	This is a picture taken during an art class.	이것은 미술 수업 중에 찍힌 사진입니다.
중심 대상	In the front, there is a girl in a grey shirt. She is sitting on a chair, and painting something. It seems like she is painting a bird.	앞쪽에, 회색 셔츠를 입은 한 소녀가 있습니다. 그녀는 의자에 앉아, 무언가를 그리고 있습니다. 그녀는 새를 그리고 있는 것 같이 보입니다.
주변 대상	In the back, I see a woman in a blue shirt. She is bending over to help the student paint. So she must be the teacher.	뒤쪽에, 파란색 셔츠를 입은 여자가 있습니다. 그녀는 학생이 그림 그리는 것을 돕기 위해 몸을 앞으로 숙이고 있습니다. 그녀는 선생님임에 틀림없습니다.
배경/ 느낌	In the background, I see some easels in different colors.	배경에, 다양한 색깔의 이젤들이 보입니다.

■ 기본 답변 ■ IH - AL+ 표현

어휘   easel 이젤, 칠판대

Q 5-7 Respond to questions

전화 인터뷰
■ 주요 의문사

> Imagine that a university is doing research on museums in your area. And you have agreed to participate in a telephone interview on museums.
> 한 대학교가 당신의 지역에 있는 박물관에 대한 조사를 하고 있다고 가정해보세요. 그리고 당신은 박물관에 대한 전화 인터뷰에 참여하기로 동의했습니다.

Q5
Q When did you last visit a museum? And how much time did you spend there?
박물관에 마지막으로 방문한 것은 언제인가요? 그리고 그곳에서 얼마나 머물렀나요?

A The last time was 2 months ago. And I spent 2 hours.
마지막은 2달 전이고, 2시간을 보냈습니다.

Q6
Q Do you go to museums more often now than you did when you were a child? Why or why not?
어렸을 때보다 박물관에 더 자주 가나요? 왜 그런가요?

A Yes, I go to museums more often, because I like visiting museums.
네, 저는 박물관에 방문하는 것을 좋아해서 더 자주 갑니다.

Q7
Q Do you think visiting a museum is a good way to spend your free time? Why or why not?
박물관에 가는 것이 여가 시간을 보내는 좋은 방법이라고 생각하나요? 왜 그런가요?

A No, I don't think visiting a museum is a good way to spend my free time. In my free time, I want to stay home and get some rest. It's more relaxing, and I need that break. In museums, I have to walk around, and it's tiring.
아니요, 박물관에 가는 것이 여가 시간을 보내는 좋은 방법이라고 생각하지 않습니다. 제 여가 시간에는 집에서 좀 쉬고 싶습니다. 그렇게 하는 것이 더 편하고, 저는 그러한 휴식이 필요합니다. 박물관에서는 걸어 다녀야 하는데, 그것은 피곤합니다.

어휘 spend 시간을 보내다 free time 여가 시간 break 휴식 시간

추가 답변 표현

Q7 Yes (박물관은 여가 시간을 보내기 좋은 방법)
- I can refresh myself while looking at the exhibitions in a quiet mood.
  조용한 분위기에서 전시품들을 보며 스스로를 재충전할 수 있습니다.

- I always learn something when I visit museums.
  박물관에 가면 늘 무언가를 배웁니다.

Q 8-10 Respond to questions using information provided

여행 일정표(출장)

여행 일정표

문의자: 브라이스 콜맨

2월 7일	
오전 11:25 (2월 7일 화요일)	댈러스 출발 (에티 항공, 항공편 274)
오전 10:00 (2월 8일 수요일)	두바이 도착

호텔: 아틀란티스 호텔 크레센트로, 두바이   *소요 시간: 14시간 30분
   *4박 일정, 조식 포함
   *공항과 회의장으로 호텔 셔틀 서비스 이용 가능

2월 9일 - 10일
국제 공학 학회 참석
장소: 두바이 국제 컨벤션&전시 센터
입장 시 신분증 제시 필요

2월 12일	
오전 2:50 (2월 12일 일요일)	두바이 출발 (에티 항공, 항공편 275)
오전 9:50 (2월 12일 일요일)	댈러스 도착

*소요 시간: 16시간

Hi, I'm planning to go on a business trip to Dubai for an international conference that I need to attend. And I need you to confirm some details for me.

안녕하세요, 제가 국제 학회에 참석하고자 두바이로의 출장을 계획하고 있는데, 몇 가지 세부사항을 확인해주시면 좋겠습니다.

■ 주요 의문사

Q8

Q: **What time** do I leave for Dubai, and **how long** is the flight?

A: You leave at 11:25 a.m., and it is fourteen hours and thirty minutes.

제가 몇 시에 두바이로 출발하고, 몇 시간 비행인가요?

당신은 오전 11시 25분에 출발하고, 비행 시간은 14시간 30분입니다.

Q9

Q: As you know, I'll be attending the **international engineering conference**. Is there anything I need to do before the event?

A: Actually, no. You just need to show an ID when entering.

아시다시피, 저는 국제 공학 학회에 참석할 예정입니다. 행사 전에 제가 해야 할 일이 있나요?

사실, 없습니다. 입장할 때 신분증만 제시하시면 됩니다.

Q10

Q: **Can you tell me about** my **stay** during my trip in Dubai?

A: Sure. You will stay in Hotel Atlantis for four nights. Breakfast is included. And hotel shuttle service is available to the airport and the conference.

두바이 출장 동안의 숙박에 대해 알려주실 수 있나요?

그럼요. 아틀란티스 호텔에 4박 일정으로 묵을 예정입니다. 조식은 포함되어 있고, 공항과 회의장으로 호텔 셔틀 서비스를 이용하실 수 있습니다.

어휘 inquirer 문의자 duration (지속되는) 시간, 기간 nights ~박 stay (숙박 시설의 의미로) 머무름

만점을 부르는 듣기 포인트 고난도 지문의 경우 다음의 단어들에 집중하며 다시 들어보세요.

our offices / undergoing renovations / problems / won't be able to use our office / can't allow / employees / time off / Furthermore / pack up / work areas / furniture / moved / reduce / productivity / continue / working

Q11 Express an opinion

Q11 회사 생활: 직원 생산성

> Which of the following do you think is the best thing companies can do to increase employee productivity?
> - Training the staff regularly
> - Providing them with the right equipment
> - Offering incentives
>
> Use specific reasons or examples to support your opinion.
>
> 다음 중 직원의 생산성을 높이기 위해 기업들이 할 수 있는 가장 좋은 것은 무엇이라고 생각하나요?
> – 직원들을 정기적으로 교육하기   – 알맞은 용품 공급하기   – 장려금 제공하기
> 구체적인 이유와 예시를 들어 의견을 뒷받침하세요.

답변 브레인스토밍

회사 내 업무 조건/환경과 직원의 업무 효율성 사이의 관계 설명

- 장려금: 직원 만족감 상승&동기 부여 → 더 열심히 일해서 생산성 증가

답변 완성

결론	I think offering incentives can increase employee productivity.	장려금을 제공하는 것이 직원의 생산성을 높일 수 있다고 생각합니다.
근거 + 부연 설명	Most of all, employees would love some extra money. If they get more money, .. they would feel satisfied .. with their work conditions. .. And that motivates them .. to work harder. Also, they (would) feel less stressed .. while working. And, they would work harder .. to get the incentives. And work productivity will increase.	무엇보다도, 직원들은 추가 수당을 아주 좋아할 것입니다. 돈을 더 받게 되면, 그들은 근무 환경에 만족감을 느낄 것입니다. 그리고 이것은 그들이 일을 더 열심히 하도록 동기부여를 시켜줄 것입니다. 또한, 그들은 일하는 동안 스트레스를 덜 받을 것입니다. 그리고 그들은 장려금을 받도록 더 열심히 일할 것입니다. 일의 생산성도 높아질 것입니다.
마무리 (생략 가능)	I think offering incentives can increase employee productivity.	장려금을 제공하는 것이 직원의 생산성을 높일 수 있다고 생각합니다.

■ 기본 답변 ■ IH - AL+ 표현

어휘 regularly 정기적으로 equipment 용품 incentive 장려금, 인센티브

케이트쌤의 TEST 8 총평

▲ 총정리 특강

전체 난이도 중

◯ 문항별 난이도

Q 1-2	Q 3-4	Q 5-7	Q 8-10	Q 11
중	상	중	중	중

◯ 총평

전반적인 시험의 난이도는 높지 않았지만 낯선 주제와 소재들이 등장했어요. 사진 묘사의 경우, 야외나 자연 관련 장소가 등장해 다소 생소한 면이 있었죠. 이 때, 낯선 문제 유형에 당황하지 않는 것이 매우 중요해요. 답변 준비 시간동안 중심 대상을 위주로 묘사 가능한 부분들을 확인하고 쉽고 정확한 어휘와 표현을 사용해 답변 시간을 채워주세요.

◯ 이것만은 꼭 암기하기!

Q 1-2 담화/연설문 & 라디오 방송 대본 관련 어휘 연습

ceremony, serve, perform, retired, volunteer
is joining us on our weekly radio show, listeners

Q 3-4 장소 관련 표현 암기

농장/자연   a farm, fences, trees, wheelbarrow/cart, It seems like a cold day, putting sth in
교실(미술 수업) painting sth, bending over to 동사

Q 8-10 여행 일정표에서 비행 일정 관련 어휘와 답변 패턴 암기

You will depart/leave at 이륙 시간.
You will stay at/in 숙박 장소.

Q 11 회사 내 업무 조건/환경과 직원의 효율성에 대한 표현 평소 숙지 후 암기

They would feel satisfied with their work conditions.
And that would motivate them to work harder.
And they (would) feel less stressed. So work productivity will increase.

모범 답변 및 해설
실전 모의고사 9

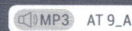 MP3 AT 9_A

Q 1-2 Read a text aloud

Q1 관광 안내문

Good morning. // The Rock and Roll Hall of Fame's morning tour will start .. in ten minutes. // On this tour, .. you'll learn more about the singers, .. guitarists, .. and drummers .. who have defined this genre of music. // Now, .. if you would prepare your ticket, .. we'll move to the first floor where the tour will start. //

좋은 아침입니다. 로큰롤 명예의 전당 아침 투어가 10분 내로 시작될 예정입니다. 이번 투어에서 여러분은 해당 장르의 음악을 정의한 가수, 기타 연주자, 드럼 연주자들에 대해 더 많이 배우게 될 것입니다. 자, 표를 준비해주시면 투어가 시작될 1층으로 이동하겠습니다.

어휘 guitarist 기타 연주자 drummer 드럼 연주자 define 정의하다, 규정하다 genre 장르 prepare 준비하다

Q2 행사 안내문

Good evening, .. and welcome to this month's school board meeting. // A lot of parents have come tonight .. to discuss teachers' pay, .. the summer school schedule, .. and changes to the athletics program. // So, .. if you have a question or comment, .. please use the microphone at the front of the room. //

좋은 저녁입니다. 이번 달 학교 이사회에 오신걸 환영합니다. 오늘 밤 많은 부모님들이 교사들의 급여, 여름 학교 일정, 그리고 체육 프로그램의 변화에 대해 의논하기 위해 와주셨습니다. 따라서, 만약 질문이나 하실 말씀이 있으면, 회의실 앞의 마이크를 사용해주시기 바랍니다.

어휘 board meeting 이사회 pay 급여, 보수 athletics 체육, 운동 경기 microphone 마이크

■ 강조어 .. 끊어 읽기 // 문장 사이 끊어 읽기

Q 3-4 Describe a picture

Q3 사무 환경 (휴게실)

장소	This is a picture of an employee lounge and I see four people.	이것은 직원 휴게실의 사진이고 네 명의 사람이 보입니다.
중심 대상	On the left, there are two men wearing glasses. They are sitting on a couch side by side. One of them is holding a laptop, while the other man is holding a book.	왼쪽에, 안경을 쓴 두 명의 남자가 있습니다. 그들은 소파위에 나란히 앉아있습니다. 그들 중 한 명은 노트북을 들고 있고, 다른 한 남자는 책을 들고 있습니다.
주변 대상	On the right, there are a man and a woman. They are standing near the shelves, discussing something. It seems like the woman is explaining something to the man.	오른쪽에, 한 남자와 한 여자가 있습니다. 그들은 선반 근처에 서 있고 무언가를 의논하고 있습니다. 여자는 무언가를 남자에게 설명하고 있는 것 같아 보입니다.
배경/ 느낌	In the back, I see some big windows, and they are both closed.	뒤쪽에, 큰 창문 여러 개가 보이고, 두 개 모두 닫혀 있습니다.

■ 기본 답변   ■ IH - AL+ 표현

어휘 lounge 휴게실 side by side 나란히 suit 정장 shelf 책꽂이, 선반 binder 바인더(폴더)

고득점 필수 표현   사무실

I see files and binders on the bookshelves. 책장에 파일과 바인더가 보인다.
Some books are stacked up on the desks. 책 몇 권이 책상 위에 쌓여 있다.
There are some file cabinets in the office. 사무실에 문서 보관함이 있다.

Q4 거리

장소	This is a picture taken on a street.	이것은 거리에서 찍힌 사진입니다.
중심 대상	In the middle, there are two people wearing orange uniforms. I think they are street sweepers. They are using brooms to sweep the leaves on the street.	가운데에, 오렌지 색 유니폼을 입은 두 명의 사람이 있습니다. 그들은 환경 미화원인 것 같습니다. 그들은 거리위에 있는 낙엽을 쓸기 위해 빗자루를 사용하고 있습니다.
주변 대상	Near them, I see two big bags filled with fallen leaves.	그들 근처에, 떨어진 낙엽으로 가득 찬 두 개의 큰 봉투가 보입니다.
배경/ 느낌	In the background, there are trees along the street. And it seems very quiet. And since there are fallen leaves, I think this picture was taken in fall.	뒤쪽에, 거리를 따라 나무가 있습니다. 매우 조용한 것 같습니다. 낙엽이 떨어진 것으로 보아, 이 사진은 가을에 찍힌 것 같습니다.

■ 기본 답변　■ IH - AL+ 표현

어휘　street sweeper 환경 미화원　be filled with ~로 채워지다　along ~을 따라

Q 5-7 Respond to questions

전화 인터뷰　　　　　　　　　　　　　　　　　　　　　　　　■ 주요 의문사

> Imagine that a fitness magazine is doing research on bike trails in the area. And you have agreed to participate in a telephone interview on biking.
> 건강 잡지에서 지역의 자전거 도로에 대한 조사를 하고 있다고 가정해보세요. 당신은 자전거 타기에 대한 전화 인터뷰에 참여하기로 동의했습니다.

Q5

Q: When is the best time of the year to go biking? Why?
일 년 중 자전거를 타기 가장 좋은 때는 언제인가요? 왜 그런가요?

A: The best time is spring. The weather is great to ride bikes outside.
봄이 가장 좋을 때입니다. 밖에서 자전거를 타기 좋은 날씨입니다.

Q6

Q: Are there any bike trails near your home? Are they well maintained?
집 근처에 자전거 도로가 있나요? 잘 관리되고 있나요?

A: Yes, there is one. And it is well maintained.
네, 하나 있고 잘 관리되고 있습니다.

Q7

Q: Which of the following is the most important when choosing where to go biking?
- The location of the bike trail
- The difficulty of the trail
- The scenery along the trail

다음 중 자전거 탈 곳을 선택할 때 가장 중요한 것은 무엇인가요?
- 자전거 도로의 위치
- 도로의 난이도
- 도로의 풍경

A: The scenery along the trail is the most important when choosing where to go biking. When you ride a bike, you get to see the scenery along the way. If the scenery is beautiful, the ride can be more enjoyable.
도로의 풍경이 자전거 탈 곳을 선택할 때 가장 중요합니다. 자전거를 타면 길을 따라 경치를 볼 수 있습니다. 경치가 아름다우면 자전거 타는 것이 더 즐거울 수 있습니다.

어휘 trail 루트, 코스 maintain 유지하다, 보존하다 location 장소 difficulty 어려운 정도 scenery 풍경 along ~을 따라

추가 답변 표현

- **Q7** ▪ 자전거 도로의 위치: I only go to the closest bike trails in my neighborhood. Otherwise, I get too tired.
저는 동네에서 가장 가까운 자전거 도로만 이용합니다. 그렇지 않으면 너무 지치기 때문입니다.

▪ 도로의 난이도: I need to find easy bike trails since I'm still a beginner.
저는 아직 초보이기 때문에 쉬운 자전거 도로를 찾아야 합니다.

Q 8-10 Respond to questions using information provided

행사 일정표

웨스트 벨리 컨벤션 센터

전국 부동산 협회
세미나 일자: 10월 19일

오전 10:00 - 오전 10:30	회장의 개관식
오전 10:30 - 오후 12:00	부동산 가치액 포럼
오후 12:00 - 오후 1:00	점심
오후 1:00 - 오후 2:00	워크샵 1: 주택지의 경제적 문제 & 동향
오후 2:00 - 오후 2:30	공개 토론회: 주거용 부동산 임대업
오후 2:30 - 오후 3:30	워크샵 2: 상업 경제적 문제 & 동향
오후 3:30 - 오후 4:00	공개 토론회: 상업용 부동산 임대업
오후 4:00 - 오후 5:00	사교 시간 (커피 & 다과 제공)

*9월 1일부터 등록 시작! 웹사이트에서만 가능!

Hi, I'm Phil Tucker, and I'm currently running a real estate agency. My colleagues and I would like to attend the seminar, and I need to ask you a few questions.

안녕하세요, 저는 필 터커이고 현재 부동산 중개 사무소를 운영하고 있습니다. 제 동료들과 제가 세미나에 참석하고 싶은데, 몇 가지 질문이 있습니다.

■ 주요 의문사

Q8

Q What is the date of the seminar, and where does it take place?

세미나 날짜가 언제이고, 어디서 열리나요?

A The date is October 19th. And the location is West Valley Convention Center.

날짜는 10월 19일이고, 장소는 웨스트 벨리 컨벤션 센터입니다.

Q9

Q When can we register for the event, and also how?

행사에 언제 등록할 수 있고, 어떻게 하나요?

A Registration opens on September 1st, and it is only available through the website.

등록은 9월 1일에 열리며, 웹사이트를 통해서만 가능합니다.

Q10

Q We specialize in commercial properties for sale or lease, so we would like to get some detailed information on any sessions regarding that.

저희는 상업용 지구의 매매나 임대를 전문적으로 다루고 있어서, 해당 내용과 관련된 세션이 있으면 세부 정보를 얻고 싶습니다.

A There are 2 sessions regarding commercial real estate. One is a workshop on commercial economic issues and trends, which is held at 2:30 p.m. And the other is a panel discussion on leasing commercial real estate, which is at 3:30 p.m.

상업용 부동산에 대한 2가지의 세션이 있습니다. 하나는 오후 2시 30분에 열릴 상업 경제적 문제와 동향에 대한 워크샵입니다. 다른 하나는 오후 3시 30분에 열릴 상업용 부동산 임대업에 대한 공개 토론회입니다.

어휘 national 전국적인 association 협회 realtor 부동산업자 president 회장 real estate 부동산 valuation 가치액, 평가 forum 포럼, 토론회 residential 주택지의 economic 경제의 panel 패널(토론 참석자) lease 임차하다 commercial 상업의 socializing 사교 refreshment 다과, 가벼운 식사

💡 **만점을 부르는 듣기 포인트** 고난도 지문의 경우 다음의 단어들에 집중하며 다시 들어보세요.

recent meeting / decided / hold a record release event / popular musician / perform / sign / album / However / much more interest / sell out / early / attendees / upset / cannot / get a copy / avoid this

Q 11 Express an opinion

Q11 어린이 (교육)

Do you agree or disagree with the following statement?
Parents should have their children help them with household chores like washing dishes or cleaning the house.
Use specific reasons or examples to support your opinion.

다음 주장에 동의하나요, 반대하나요?
부모들은 자녀들이 설거지나 청소와 같은 집안일을 돕도록 해야 한다.
구체적인 이유와 예시를 들어 의견을 뒷받침하세요.

답변 브레인스토밍

어린이 교육/양육 문제는 협업 능력, 책임감, 독립심 강조
- 협동심: 학교에서도 협력해야 하므로 이기적이면 안됨
- 책임감: 집에서 함께 공간을 사용하므로 집안일에 참여 필요

답변 완성

결론	I agree. Parents should have their children help them with household chores like washing dishes or cleaning the house.	저는 동의합니다. 부모들은 그들의 자녀들이 설거지나 청소와 같은 집안일을 돕도록 해야 합니다.
근거 + 부연 설명	Most of all, .. children can learn to cooperate. And this is very important .. because they need to work together with friends at school. They shouldn't be selfish, .. when they work with others. And making them do house chores is a good way to train them.	무엇보다도, 아이들은 협동하는 것을 배울 수 있습니다. 그리고 이것은 굉장히 중요한데, 이는 그들이 학교에서 친구들과 함께 협력해야 하기 때문입니다. 다른 아이들과 함께 일을 할 때 그들은 이기적이면 안됩니다. 그리고 집안일을 하도록 하는 것은 그들을 교육하는 좋은 방법입니다.
근거 2	Secondly, they can be more responsible. They live in the house, .. and use the space everyday. So they should take part in the chores. And it's important that parents teach them how to be responsible.	둘째로, 그들은 책임감을 더 가질 수 있습니다. 그들은 집에 거주하면서 매일 공간을 사용합니다. 따라서 그들은 집안일에 참여해야 합니다. 그리고 부모들이 아이들에게 책임감을 갖도록 가르치는 것은 중요합니다.
마무리 (생략 가능)	I agree. Parents should have their children help them with household chores like washing dishes or cleaning the house.	저는 동의합니다. 부모들은 그들의 자녀들이 설거지나 청소와 같은 집안일을 돕도록 해야 합니다.

■ 기본 답변 ■ IH - AL+ 표현

어휘   household chores 집안일   wash dishes 설거지를 하다   cooperate 협동하다   selfish 이기적인   responsible 책임이 있는   take part in 참여하다

케이트쌤의 TEST 9 총평

▲ 총정리 특강

전체 난이도 중

◎ 문항별 난이도

Q 1-2	Q 3-4	Q 5-7	Q 8-10	Q 11
하	중	중	하	중

◎ 총평

비교적 낯선 주제들이 많았던 반면 어휘는 그리 어렵지 않았어요. 또한 지문 및 질문이 상대적으로 길어서 듣기가 약한 분들에겐 어렵게 느껴질 수 있는 문제였어요. 주어진 지문이나 질문이 길 때는 문장 속 키워드와 핵심 어휘를 중심으로 질문 의도를 파악하는 것이 중요해요.

◎ 이것만은 꼭 암기하기!

Q 1-2 관광 & 행사 안내문 관련 어휘 연습
tour will start, you'll learn more about, prepare, we'll move to the
board meeting, discuss, if you have a question or comment

Q 3-4 장소 관련 표현 암기
사무 환경(휴게실) an office/a lounge, explaining something and discussing something,
The windows are closed.
거리 using brooms to sweep, be filled with sth, This picture was taken in fall.

Q 5-7 빈출 질문과 답 패턴 암기
When is the best time of the year ~? → The best time is 시기/기간.
Which is the most important ~? → 보기 중 하나 is the most important.

Q 8-10 행사 일정표에서 등록 관련 어휘와 답변 패턴 암기
What is the date of the event? → The date is 행사 날짜. (서수로 답할 것!)
등록 Registration is available through the website. / Registration starts/opens on 등록 시작일.

Q 11 어린이 교육이나 양육 문제의 경우 협업 능력, 책임감, 독립심 강조
Children can learn to cooperate. They should take part in the chores.
They should learn to be responsible and independent.

실전 모의고사 10

모범 답변 및 해설

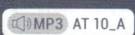

Q 1-2 Read a text aloud

Q1 광고문

When it's time for your vehicle's next inspection, ∙∙ visit ∙∙ McNulty Auto Shop. // For the rest of the month, ∙∙ all oil changes, ∙∙ engine checks, // and tire rotations are thirty percent off. // With over fifteen years of service in the Pineville region, ∙∙ we are a business you can trust. //

여러분 차량의 다음 점검일이 되면 맥널티 자동차 정비소를 방문하시기 바랍니다. 남은 한 달 동안, 모든 오일 교체, 엔진 점검, 타이어 교체가 30% 할인됩니다. 파인빌 지역에서 15년 이상 영업한 저희는 여러분이 믿을 수 있는 업체입니다.

어휘 vehicle 차량 inspection 점검 rotation 교체 region 지역

Q2 관광 안내문

Are you excited about seeing all the great sights of New York City ∙∙ during your visit? // If so, ∙∙ reserve a seat on our famous bus tour! // This comfortable ride, ∙∙ which starts downtown, ∙∙ travels through each of the city's unique districts. // You will see five-star hotels, ∙∙ towering skyscrapers, ∙∙ and iconic film locations. //

뉴욕을 방문하는 동안 이곳의 멋진 광경을 보는 것이 기대되나요? 만약 그렇다면, 저희의 유명한 버스 투어 좌석을 예약하시길 바랍니다! 시내에서 시작하는 이 편한 여정은 도시의 독특한 곳을 모두 방문합니다. 5성급 호텔, 높이 솟은 고층 건물, 그리고 (도시의) 상징인 영화 촬영지를 볼 수 있을 것입니다.

어휘 reserve 예약하다 downtown 시내에 unique 독특한 district 지역 towering 우뚝 솟은 skyscraper 고층 건물 iconic ~의 상징이 되는

■ 강조어   ∙∙ 끊어 읽기   // 문장 사이 끊어 읽기

Q 3-4 Describe a picture

Q3 거리

장소	This is a picture of a street.	이것은 거리의 사진입니다.
중심 대상	On the right, there is a man wearing a hat. He is sitting on a bench, leaning back. And he is reading a book.	오른쪽에, 모자를 쓰고 있는 한 남자가 있습니다. 그는 벤치에 앉아 뒤에 기대고 있습니다. 그는 책을 읽고 있습니다.
주변 대상	Behind him, there is an outdoor café. And some people are sitting at the tables, resting. And some white parasols are placed between the tables.	남자 뒤에, 야외 카페가 있습니다. 몇몇의 사람들은 테이블에 앉아 휴식을 취하고 있습니다. 하얀색 파라솔들이 테이블 사이에 세워져 있습니다.
배경/ 느낌	In the back, a woman is walking on the street. And it seems like a lovely day.	뒤쪽에, 한 여자가 거리를 걷고 있습니다. 날씨가 아주 좋아 보입니다.

■ 기본 답변   ■ IH - AL+ 표현

어휘 **lean** ~에 기대다 **sidewalk** 인도, 보도 **outdoor** 야외의 **parasol** 파라솔 **place** 두다, 설치하다 **colorful** (색이) 다채로운, 형형색색의 **in a row** 연달아, 연이어

고득점 필수 표현   길거리

carrying bags 가방을 메고 있는
looking for something in his/her bag 그/그녀의 가방에서 무언가를 찾고 있는
Some cars are parked along the street. 길을 따라 차 몇 대가 주차되어 있다.
It is crowded with people. 사람들로 붐빈다.
I see traffic signs here and there. 여기저기에 교통 표지판들이 보인다.
The traffic is quite heavy. 교통 체증이 꽤 혼잡하다.

Q4 공원

장소	This is a picture taken in a park.	이 사진은 공원에서 찍힌 사진입니다.
중심 대상	In the middle, there are 3 people, a woman and 2 kids. One of the kids is sitting on a snow tube, and the other kid is pulling it. It seems like they are having a great time. The woman is walking near the kids, and she is holding a dog in her arms.	가운데에, 한 명의 여자와 두 명의 아이들, 총 세 명의 사람이 있습니다. 아이들 중 한 명은 눈썰매 위에 앉아 있고, 다른 한 아이는 그것을 당기고 있습니다. 그들은 좋은 시간을 보내고 있는 것 같아 보입니다. 여자는 아이들 근처로 걸으며 한 마리의 개를 품에 안고 있습니다.
배경/ 느낌	In the background, I see lots of trees here and there. Also, there is snow everywhere. So, I would say this picture was taken in winter.	뒤쪽에는, 여기저기에 많은 나무들이 있습니다. 또한, 사방에 눈이 있습니다. 그래서, 이 사진은 겨울에 찍힌 것이라고 말하고 싶습니다.

■ 기본 답변   ■ IH - AL+ 표현

어휘   pull 당기다   here and there 여기 저기에

Q 5-7 Respond to questions

전화 인터뷰

■ 주요 의문사

> Imagine that a market research company is doing a survey on mobile games, which are video games that can be downloaded and played on smartphones. And you have agreed to participate in a telephone interview on playing mobile games.
> 한 시장 조사 회사가 스마트폰으로 다운로드해서 실행할 수 있는 모바일 게임에 대해 설문조사를 하고 있다고 가정해보세요. 당신은 모바일 게임을 하는 것에 대한 전화 인터뷰에 참여하기로 동의했습니다.

Q5

Q Do you download and play mobile games on your smartphone? Why or why not?

스마트폰으로 모바일 게임을 다운로드해 즐기나요? 왜 그런가요?

A Yes, I do. I like playing mobile games (on my phone). It's fun.

네, 그렇게 합니다. 저는 (제 휴대폰으로) 모바일 게임을 하는 것을 좋아합니다. 이것은 재밌습니다.

Q6

Q Do you think it's a good idea for students to have mobile games on their phones? Why or why not?

학생들이 휴대폰에 모바일 게임을 갖고 있는 것이 좋은 아이디어라고 생각하나요? 왜 그런가요?

A Yes, I think it's a good idea, because students can relieve stress when they play games on the phone.

네, 저는 좋은 아이디어라고 생각합니다. 왜냐하면 학생들이 휴대폰으로 게임을 하면서 스트레스를 풀 수 있기 때문입니다.

Q7

Q Do you think online reviews are an effective way to learn about new mobile games?

온라인 후기가 새로운 모바일 게임에 대해 알아가기에 효과적인 방법이라고 생각하나요?

A Yes, I think online reviews are an effective way to learn about new mobile games. There is detailed information on the game. So I can learn a lot about it. Plus, people write about their experiences with the game, so I can choose the right game for me. Usually, if reviews are good, the games are fun to play.

네, 저는 온라인 후기가 새로운 모바일 게임에 대해 알아가기에 효과적인 방법이라고 생각합니다. 온라인 후기에는 게임에 대한 자세한 정보가 있기 때문에 제가 많은 것을 배울 수 있습니다. 추가로, 사람들이 게임에 대한 자신들의 경험을 쓰기 때문에 저에게 맞는 게임을 고를 수 있습니다. 보통 후기가 좋으면, 게임이 재미있습니다.

어휘 relieve 없애주다, 덜어주다 effective 효과적인

추가 답변 표현

Q7 No (온라인 후기는 효과적이지 못함)

- Many companies have fake online reviews, so the information might not be accurate.
  많은 회사들이 가짜 리뷰를 작성하기 때문에, 정보가 정확하지 않을 수 있습니다.

- You need to actually play the mobile games by yourself to learn about them.
  모바일 게임에 대해 알기 위해선 직접 게임을 해봐야 합니다.

Q 8-10 Respond to questions using information provided

행사 일정표

펫콤 주식회사-
기업 수련회
레미 컨퍼런스 홀
3월 21일 (오전 9:00 – 오후 6:00)

시간	행사	발표자
9:00 – 9:30	개회사	TJ 하워드, 대표
9:30 – 10:20	판매 보고서	트로이 맥마한
10:30 – 12:00	워크샵: 신제품 및 서비스 홍보	모건 니코
12:00 – 1:00	시연: 앱 서비스	올리버 영, IT 감독
1:00 – 2:00	피크닉 점심*	
2:00 – 3:30	단체 게임	마크 윌리스, 주최자
3:30 – 4:30	워크샵: 고객 항의 응대	리암 브룩스
4:30 – 6:00	직원 수여식 & 폐회사	TJ 하워드, 대표

* 스윗 델리에서 샌드위치를 제공할 예정입니다.

Hello. My name is Noah Ellis. And I'm looking forward to attending the corporate retreat that will be held next week. And I was wondering if I could ask you a few questions about the event.

안녕하세요. 제 이름은 노아 앨리스입니다. 다음 주에 열릴 기업 수련회에 참석하기를 기대하고 있습니다. 그래서 이 행사에 대해 몇 가지 질문을 하고 싶습니다.

■ 주요 의문사

Q8

Q I'm very interested in finding out about the new app service that we'll be launching next month. What time will the demonstration begin, and who will be leading it?

저는 다음 달에 출시될 새로운 앱 서비스에 대해 알고 싶습니다. 시연은 몇 시에 시작하고, 누가 진행하나요?

A It will begin at 12 p.m., and the presenter is Oliver Young, the IT director.

시연은 오후 12시에 시작할 예정이고, 발표자는 IT 감독인 올리버 영입니다.

Q9

Q For the past few events, we were told to bring our own lunch. Will it be the same this time?

지난 몇 번의 행사 동안 우리는 점심을 직접 가져와야 한다고 안내받았습니다. 이번에도 마찬가지일까요?

A No, sandwiches will be provided by Sweet Deli this year.

아닙니다, 올해는 스윗 델리에서 샌드위치를 제공할 예정입니다.

Q10

Q Would you tell me about the workshops that are scheduled during the event?

행사 기간 동안 예정된 워크샵에 대해 알려주실 수 있나요?

A Sure. There are 2 workshops.
One is at 10:30 a.m. It is on promoting new products and services, led by Morgan Niko. The other is at 3:30 p.m. It is about dealing with customer complaints, led by Liam Brooks.

물론입니다. 2개의 워크샵이 있습니다.
하나는 오전 10시 30분에 있는 모건 니코의 신제품 및 서비스 홍보입니다. 다른 하나는 오후 3시 30분에 있는 리암 브룩스의 고객 항의 응대입니다.

어휘   corporate retreat 기업 수련회 conference hall 회의장 opening speech 개회사 demonstration 시연, 설명 complaint 불평 award 상 launch 출시, 출간하다

 만점을 부르는 듣기 포인트   고난도 지문의 경우 다음의 단어들에 집중하며 다시 들어보세요.

fitness center / introduced / courses for children / assign instructors / not sure / which / instructors / suitable / how / decide who / teach / new youth fitness classes

Q11 Express an opinion

Q11 광고 및 홍보

> Which of the following means would be most effective when advertising food?
> - TV commercials
> - Social media platforms
> - Food magazines
> Use specific reasons or examples to support your opinion.
>
> 다음 중 음식을 광고할 때 가장 효과적인 방법은 무엇인가요?
> - TV 광고   - 소셜 미디어 플랫폼   - 식품 잡지
> 구체적인 이유와 예시를 들어 의견을 뒷받침하세요.

답변 브레인스토밍

- 소셜 미디어 광고에는 사진과 비디오 첨부 가능 → 맛있어 보여 사람들이 관심을 보일 것
- 실제 경험담: 인스타그램으로 체리 구매

답변 완성

결론	I think social media platforms would be most effective when advertising food.	저는 소셜 미디어 플랫폼이 음식을 광고할 때 가장 효과적일 것이라고 생각합니다.
근거 + 부연 설명	Most of all, .. many people use social media these days. And on social media ads, you can upload pictures and videos of the food And usually, the food looks delicious on video ads. So, when people see the ad, they will have interest in it. .. And once they're interested, they order it through the platform. So it is easy to promote and sell the product.	무엇보다도, 요즘 많은 사람들이 소셜 미디어를 사용합니다. 그리고 소셜 미디어 광고에는 음식의 사진과 동영상을 올릴 수 있으며, 보통, 비디오 광고에서는 음식이 맛있어 보입니다. 그래서 사람들이 그 광고를 볼 때, 관심을 가질 것입니다. 관심을 가지면, 그들은 (소셜 미디어)플랫폼을 통해 주문을 합니다. 그래서 제품을 홍보하고 판매하는 것이 쉽습니다.
예시	A few days ago, I saw an ad for fresh cherries on Instagram. And .. they looked really fresh and good. So I ordered them through the platform right away.	며칠 전, 저는 인스타그램에서 신선한 체리 광고를 봤습니다. 이 체리는 정말 신선하고 좋아 보였습니다. 그래서 저는 바로 (소셜 미디어) 플랫폼을 통해 주문을 했습니다.
마무리 (생략 가능)	I think social media platforms would be most effective when advertising food.	저는 소셜 미디어 플랫폼이 음식을 광고할 때 가장 효과적일 것이라고 생각합니다.

■ 기본 답변   ■ IH - AL+ 표현

어휘 effective 효과적인 advertise 광고하다 commercial 광고(방송) platform 플랫폼 delicious 아주 맛있는 order 주문하다 fresh 신선한 right away 곧바로

케이트쌤의 TEST 10 총평

▲ 총정리 특강

전체 난이도 중

◯ 문항별 난이도

Q 1-2	▶	Q 3-4	▶	Q 5-7	▶	Q 8-10	▶	Q 11
중		중상		중		중		중

◯ 총평

문항 별로 자주 출제되는 어휘와 표현을 정리해 암기하는 형식의 공부법이 가장 효율적임을 증명하는 세트였어요. 사진 묘사의 경우, 낯선 장소가 등장하더라도 인물의 동작 유형은 크게 달라지지 않았어요. 그러므로 평소 암기해 둔 빈출 어휘와 표현을 활용한다면 쉽게 답변 할 수 있는 문제였죠. Q11 의견 말하기의 경우도 광고라는 소재가 생소하게 느껴질 수 있지만, 광고 또한 기업과 소비자의 소통이므로 빈출 주제인 다양한 의사소통을 활용한다면 충분히 답변할 수 있어요. 이렇듯 문항별로 빈출 주제를 공부하고 어휘를 함께 정리하는 것이 매우 중요해요.

◯ 이것만은 꼭 암기하기!

Q 1-2 광고문 & 관광 안내문 관련 어휘 연습

it's time for, for the rest of the month, ~ percent off, region, business, trust
are you excited about ~?, during your visit, travels through, reserve, unique districts

Q 3-4 장소 관련 표현 암기

거리   sitting on a bench, leaning back, sidewalk, an outdoor café, walking along the street,
        colorful buildings in a row, seems like a lovely day
공원   pulling sth, holding sth in her arms, here and there, everywhere

Q 8-10 행사 내 점심/준비물 제공 관련 어휘와 답변 패턴 암기

_____ will be/is provided.

Q 11 '광고=기업과 소비자 사이의 소통'을 기억하고 전개하거나 개인 경험담 추가

Many people use social media these days, thus you can easily reach out to many people.
You can upload pictures and videos of the food.
When people see the ad, they will have interest in it.

시원스쿨LAB

Scratch Paper

* 실제 시험장에서 나눠주는 메모장(Scratch Paper)과 유사하게 제작한 필기 연습 부분입니다.
평소 모의고사 학습 진행 시 실전감 향상을 위해 활용하실 수 있습니다.

Scratch Paper

Scratch Paper

Scratch Paper

Scratch Paper

Scratch Paper

Scratch Paper

Scratch Paper

Scratch Paper

Scratch Paper

SIWONSCHOOL LAB

토익스피킹
케이트 선생님
프리패스

온라인 스터디로 토스 목표달성 밀착 관리

케이트

케이트 선생님 전 강의 수강	선생님 강의 교재 1권 포함	토스 고득점자료 4종 증정 *pdf

**토익스피킹
카톡 온라인 스터디**
- 시험 필수 핵심표현
- 목표 달성 기원 토익스피킹 자료 제공
- 시험 전 꼭 들어야하는 추천 강의 제공
- 선생님이 직접 답변해주는 1:1 질의응답

**스피킹 회화 강의
무료 제공**
- 영어발음/면접/비즈니스/
스피킹그래머 강의
- 네이티브 영어 수강권(30일) 포함

시원스쿨LAB 수강 후기

**2주 만에 고득점이
나올 줄 정말 상상도 못했어요**

- 수강생 최*철 -

시험장에서 4번하고 8번 문제에 답을 잘 못해서
추가적으로 정신없이 말했거든요.
그 순간에 생각난 것이 선생님이 말씀하신
쉽고 간단한 문장들이었습니다.

**개념 정리에는
케이트 선생님 강의가 딱!**

- 수강생 최*혜 -

케이트 선생님의 일목요연하게 정리된
한 권 토스 강의가 안정감을 주네요!
무엇보다 유형별로
접근하는 방식이 좋았습니다.

시원스쿨LAB(lab.siwonschool.com)에서 토익스피킹 선생님 프리패스를 유료로 수강하실 수 있습니다.

토스 900% 환급반

SIWONSCHOOL LAB

사자마자 50% 환급, 최대 900%+응시료 환급까지!

| 수강료 부담 NO | 출석/성적 무관 | 토스AH/오픽AL | 목표미달성시 |
| 최대 900% 환급 | 수강료 50% 환급 | 응시료 환급 | +200일 수강연장 |

* 환급조건 : 성적표제출 및 후기작성 등, 제세공과금/교재비/결제수수료 제외

토익스피킹 최고 등급 달성한
시원스쿨LAB 수강생의 후기!

여러분도 할 수 있습니다!

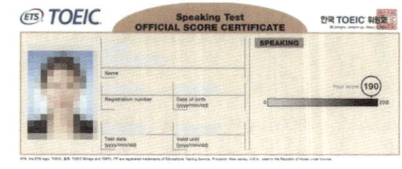

토익스피킹 190점 달성

선생님의 강의를 들으면서,
만사형통 팁 등을 숙지하였고 토스 고득점을
받을 수 있었습니다.

시원스쿨LAB(lab.siwonschool.com)에서 환급반을 신청하실 수 있습니다.
제공하는 혜택 및 환급 조건은 기간에 따라 다를 수 있습니다.

토익스피킹 커리큘럼
누구나 목표 등급 달성 가능!

| 왕초보 | 입문 | 정규 | 실전 |

· 10가지 문법으로 시작하는 토익스피킹 기초영문법

· 28시간에 끝내는 토익스피킹

· 시원스쿨 토익스피킹 IM-AL
· 15개 템플릿으로 끝내는 토익스피킹 필수 전략서
· 시원스쿨 토익스피킹 학습지

· 5일 만에 끝내는 토익스피킹 실전 모의고사
· 시원스쿨 토익스피킹 실전모의고사 10회

케이트 선생님의 토익스피킹 교재 LINE-UP

✓ 기초부터 실전까지 한 권으로 끝내는 전략서
✓ 토스 IM~AL까지 완벽 마무리 가능
✓ 출제 가능성이 높은 우선 순위대로 정리

✓ 토스 고득점 완벽 대비 실전서
✓ 가장 최신의 실제 기출경향 완벽 반영
✓ 꼼꼼한 해설과 실전 전략 제공

시원스쿨LAB
토스/오픽 도서 라인업

* 예스24 국어 외국어사전 > 영어 > 토익Speaking & Writing Test/TOEIC S&W 주간베스트 1위
(2023년 11월 1주차 기준)

시험영어 전문 연구 조직
시원스쿨어학연구소

 시험영어 전문　　 기출 빅데이터　　 264,000시간

TOEIC/TOEIC Speaking
OPIc/SPA/TEPS
IELTS/TOEFL/G-TELP
공인 영어시험 콘텐츠 개발 경력
20여 년 이상의 국내외
연구원들이 포진한
전문적인 연구 조직입니다.

본 연구소 연구원들은
매월 각 전문 분야의 시험에 응시해
시험에 나온 모든 문제를
철저하게 해부하고,
시험별 기출문제 빅데이터 분석을 통해
단기 고득점을 위한
학습 솔루션을 개발 중입니다.

각 분야 연구원들의 연구시간
모두 합쳐 264,000시간
이 모든 시간이 쌓여
시원스쿨어학연구소가
탄생했습니다.

한 권으로 끝내는

시원스쿨
토익 스피킹

실전 모의고사 문제

시원스쿨 LAB

한 권으로 끝내는

시원스쿨 토익 스피킹

실전 모의고사 문제

시원스쿨 LAB

시원스쿨
토익스피킹
실전 모의고사 10회

ACTUAL TEST

- 실전 모의고사 1
- 실전 모의고사 2
- 실전 모의고사 3
- 실전 모의고사 4
- 실전 모의고사 5
- 실전 모의고사 6
- 실전 모의고사 7
- 실전 모의고사 8
- 실전 모의고사 9
- 실전 모의고사 10

시원스쿨 토익스피킹
실전 모의고사 1

▲ 실전모의고사 영상

🔊 MP3 AT_1_Q

TOEIC Speaking

Speaking Test Directions

This is the TOEIC Speaking Test. This test includes eleven questions that measure different aspects of your speaking ability. The test lasts approximately 20 minutes.

Question	Task	Evaluation Criteria
1-2	Read a text aloud	· pronunciation · intonation and stress
3-4	Describe a picture	all of the above, plus · grammar · vocabulary · cohesion
5-7	Respond to questions	all of the above, plus · relevance of content · completeness of content
8-10	Respond to questions using information provided	all of the above
11	Express an opinion	all of the above

TOEIC Speaking

Questions 1-2: Read a text aloud

Directions: In this part of the test, you will read aloud the text on your screen. You will have 45 seconds to prepare. Then you will have 45 seconds to read the text aloud.

TOEIC Speaking

Question 1 of 11

Come and celebrate the Washington Rocket's winning season at this Saturday's game. All ticket prices will be reduced by ten percent as a way of thanking our loyal fans. In addition, guests can play games, win prizes, and watch live performances before and after the game. Visit our website to learn more!

PREPARATION TIME	RESPONSE TIME
00:00:45	00:00:45

TOEIC Speaking

Question 2 of 11

Last night, the long drought in Logan City was finally broken by a brief rain shower. Even though the rain lasted only 15 minutes, it brought some much-needed moisture to local crops. Now the farmers are hoping that the drought has come to an end, but that doesn't appear to be the case. Forecasts predict another week of hot, dry, and sunny weather.

PREPARATION TIME	RESPONSE TIME
00:00:45	00:00:45

TOEIC Speaking

Questions 3-4: Describe a picture

Directions: In this part of the test, you will describe the picture on your screen in as much detail as you can. You will have 45 seconds to prepare your response. Then you will have 30 seconds to speak about the picture.

Question 3 of 11

PREPARATION TIME 00:00:45

RESPONSE TIME 00:00:30

Question 4 of 11

PREPARATION TIME 00:00:45

RESPONSE TIME 00:00:30

TOEIC Speaking

Questions 5-7: Respond to questions

Directions: In this part of the test, you will answer three questions. You will have three seconds to prepare after you hear each question. You will have 15 seconds to respond to Questions 5 and 6 and 30 seconds to respond to Question 7.

TOEIC Speaking

Imagine that the local government is doing research about public parks. And you have agreed to participate in a telephone interview on public parks in your area.

TOEIC Speaking

Question 5 of 11

Imagine that the local government is doing research about public parks. And you have agreed to participate in a telephone interview on public parks in your area.

When was the last time you went to a public park? How frequently do you go to public parks?

PREPARATION TIME	RESPONSE TIME
00:00:03	00:00:15

TOEIC Speaking

Question 6 of 11

Imagine that the local government is doing research about public parks. And you have agreed to participate in a telephone interview on public parks in your area.

How far is the nearest public park from your home? And is it popular?

PREPARATION TIME	RESPONSE TIME
00:00:03	00:00:15

TOEIC Speaking

Question 7 of 11

Imagine that the local government is doing research about public parks. And you have agreed to participate in a telephone interview on public parks in your area.

If there is a new park in your area, would it be likely for you to go there? Why or why not?

PREPARATION TIME	RESPONSE TIME
00:00:03	00:00:30

Questions 8-10: Respond to questions using information provided

Directions: In this part of the test, you will answer three questions based on the information provided. You will have 45 seconds to read the information before the questions begin. You will have three seconds to prepare and 15 seconds to respond to Questions 8 and 9. You will hear Question 10 two times. You will have three seconds to prepare and 30 seconds to respond to Question 10.

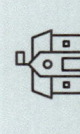

Goodam High School
Monthly Teacher Workshop
2 p.m. – 6 p.m.
Room 130

Date	Agenda	Presenter
January 3rd	Role of the Educator	Jeremy Zane
February 4th	Teaching Methodology	Becky Levine
March 1st	Classroom Management	Chris Flair
April 2nd	Use of Technology in Class	Thomas Lynch
May 4th	Challenges as Educators	Jeremy Zane
June 1st	Different Types of Grading	Becky Levine Postponed to July

PREPARATION TIME
00:00:45

TOEIC Speaking

Question 11: Express an opinion

Directions: In this part of the test, you will give your opinion about a specific topic. Be sure to say as much as you can in the time allowed. You will have 45 seconds to prepare. Then you will have 60 seconds to speak.

TOEIC Speaking

Question 11 of 11

What are some downsides of traveling in a group tour when you are traveling abroad?

Use specific reasons and examples to support your opinion.

PREPARATION TIME	RESPONSE TIME
00:00:45	00:01:00

TOEIC Speaking

Questions 8-10 of 11

Goodam High School
Monthly Teacher Workshop
2 p.m. – 6 p.m.
Room 130

Date	Agenda	Presenter
January 3rd	Role of the Educator	Jeremy Zane
February 4th	Teaching Methodology	Becky Levine
March 1st	Classroom Management	Chris Flair
April 2nd	Use of Technology in Class	Thomas Lynch
May 4th	Challenges as Educators	Jeremy Zane
June 1st	*Different Types of Grading*	*Becky Levine* *Postponed to July*

PREPARATION TIME	RESPONSE TIME
00:00:03	00:00:15

PREPARATION TIME	RESPONSE TIME
00:00:03	00:00:15

PREPARATION TIME	RESPONSE TIME
00:00:03	00:00:30

시원스쿨 토익스피킹

실전 모의고사 2

🔊 MP3   AT 2_Q

▶ 실전모의고사 영상

TOEIC Speaking

Speaking Test Directions

This is the TOEIC Speaking Test. This test includes eleven questions that measure different aspects of your speaking ability. The test lasts approximately 20 minutes.

Question	Task	Evaluation Criteria
1-2	Read a text aloud	· pronunciation · intonation and stress
3-4	Describe a picture	all of the above, plus · grammar · vocabulary · cohesion
5-7	Respond to questions	all of the above, plus · relevance of content · completeness of content
8-10	Respond to questions using information provided	all of the above
11	Express an opinion	all of the above

TOEIC Speaking

Questions 1-2: Read a text aloud

Directions: In this part of the test, you will read aloud the text on your screen. You will have 45 seconds to prepare. Then you will have 45 seconds to read the text aloud.

TOEIC Speaking

Question 1 of 11

Next is our Channel 5 morning traffic report, brought to you by Werner Office Supplies. Construction work at Central Plaza is causing traffic congestion at Fisher Street, Pinewood Drive, and Lincoln Road. If your office is located around these areas, consider leaving for work earlier this morning. Check back later for another update.

PREPARATION TIME	RESPONSE TIME
00:00:45	00:00:45

TOEIC Speaking

Question 2 of 11

Welcome to our management training workshop. For more than thirty years, our catering company has provided clients with excellent food and planning. Our reliable, flexible, and affordable service has earned us a respectable reputation. So, when catering an event, managers must be committed to our high standards of professionalism and customer satisfaction.

PREPARATION TIME	RESPONSE TIME
00:00:45	00:00:45

TOEIC Speaking

Questions 3-4: Describe a picture

Directions: In this part of the test, you will describe the picture on your screen in as much detail as you can. You will have 45 seconds to prepare your response. Then you will have 30 seconds to speak about the picture.

TOEIC Speaking — Question 3 of 11

PREPARATION TIME 00:00:45

RESPONSE TIME 00:00:30

TOEIC Speaking — Question 4 of 11

PREPARATION TIME 00:00:45

RESPONSE TIME 00:00:30

TOEIC Speaking

Questions 5-7: Respond to questions

Directions: In this part of the test, you will answer three questions. You will have three seconds to prepare after you hear each question. You will have 15 seconds to respond to Questions 5 and 6 and 30 seconds to respond to Question 7.

TOEIC Speaking

Question 5 of 11

Imagine that a marketing firm is doing research and you have agreed to participate in a telephone interview on buying books.

Do you often buy books? Why or why not?

PREPARATION TIME	RESPONSE TIME
00:00:03	00:00:15

TOEIC Speaking

Question 6 of 11

Imagine that a marketing firm is doing research and you have agreed to participate in a telephone interview on buying books.

When was the last time you bought a book for someone else, and where did you buy it?

PREPARATION TIME	RESPONSE TIME
00:00:03	00:00:15

TOEIC Speaking

Question 7 of 11

Imagine that a marketing firm is doing research and you have agreed to participate in a telephone interview on buying books.

Which do you think is a better gift for a friend: a book or a gift card?

PREPARATION TIME	RESPONSE TIME
00:00:03	00:00:30

TOEIC Speaking

Questions 8-10: Respond to questions using information provided

Directions: In this part of the test, you will answer three questions based on the information provided. You will have 45 seconds to read the information before the questions begin. You will have three seconds to prepare and 15 seconds to respond to Questions 8 and 9. You will hear Question 10 two times. You will have three seconds to prepare and 30 seconds to respond to Question 10.

TOEIC Speaking — Questions 8-10 of 11

Scott Lewis
Monday, November 20th

9:00 a.m. – 10:00 a.m.	Weekly staff meeting -this week's events
10:00 a.m. – noon	Prepare "Project Green" demonstration
Noon – 2:00 p.m.	Lunch with client at *Giovani Bistro* (Benjamin Young, Cube Co.)
2:00 p.m. – 3:00 p.m.	Review timeline for "Project Green"
3:00 p.m. – 4:00 p.m.	*Video Conference canceled*
3:00 p.m. – 4:00 p.m.	Review resources of project research
4:00 p.m. – 5:00 p.m.	Staff meeting for Project Green -assigning tasks for the week -review deadline

PREPARATION TIME
00:00:45

TOEIC Speaking

Question 11: Express an opinion

Directions: In this part of the test, you will give your opinion about a specific topic. Be sure to say as much as you can in the time allowed. You will have 45 seconds to prepare. Then you will have 60 seconds to speak.

TOEIC Speaking

Question 11 of 11

What are the benefits of reading customer reviews before purchasing a product?

Use specific reasons and examples to support your opinion.

PREPARATION TIME	RESPONSE TIME
00:00:45	00:01:00

TOEIC Speaking

Questions 8-10 of 11

Scott Lewis
Monday, November 20th

9:00 a.m. – 10:00 a.m.	Weekly staff meeting -this week's events
10:00 a.m. – noon	Prepare "Project Green" demonstration
Noon – 2:00 p.m.	Lunch with client at *Giovani Bistro* (Benjamin Young, Cube Co.)
2:00 p.m. – 3:00 p.m.	Review timeline for "Project Green"
3:00 p.m. – 4:00 p.m.	*Video-Conference canceled*
3:00 p.m. – 4:00 p.m.	Review resources of project research
4:00 p.m. – 5:00 p.m.	Staff meeting for Project Green -assigning tasks for the week -review deadline

PREPARATION TIME	RESPONSE TIME
00:00:03	00:00:15
00:00:03	00:00:15
00:00:03	00:00:30

실전 모의고사 3

◀ 실전 모의고사 영상용

📢 MP3 AT 3_Q

TOEIC Speaking

Speaking Test Directions

This is the TOEIC Speaking Test. This test includes eleven questions that measure different aspects of your speaking ability. The test lasts approximately 20 minutes.

Question	Task	Evaluation Criteria
1-2	Read a text aloud	- pronunciation - intonation and stress
3-4	Describe a picture	all of the above, plus - grammar - vocabulary - cohesion
5-7	Respond to questions	all of the above, plus - relevance of content - completeness of content
8-10	Respond to questions using information provided	all of the above
11	Express an opinion	all of the above

TOEIC Speaking

Questions 1-2: Read a text aloud

Directions: In this part of the test, you will read aloud the text on your screen. You will have 45 seconds to prepare. Then you will have 45 seconds to read the text aloud.

TOEIC Speaking   Question 1 of 11

Good evening. Now that dinner is finished, I'd like to introduce our keynote speaker, Dr. Emily Cross. She will tell us about her background, research, and personal tips for success. If you are familiar with her work, then you know we can all learn something from her. After the talk, she will answer some audience questions. So, let's welcome Dr. Cross to the stage.

PREPARATION TIME	RESPONSE TIME
00:00:45	00:00:45

TOEIC Speaking   Question 2 of 11

Next up, we have your Dayton Radio morning traffic update. Commuters on Interstate 91 are once again dealing with heavy traffic. Try using detours through Logan, Marysville, or Harbor Town to save some time. We'll return after this commercial break to report on this afternoon's expected thunderstorms.

PREPARATION TIME	RESPONSE TIME
00:00:45	00:00:45

TOEIC Speaking

Question 4 of 11

PREPARATION TIME 00:00:45

RESPONSE TIME 00:00:30

TOEIC Speaking

Questions 3-4: Describe a picture

Directions: In this part of the test, you will describe the picture on your screen in as much detail as you can. You will have 45 seconds to prepare your response. Then you will have 30 seconds to speak about the picture.

Question 3 of 11

PREPARATION TIME 00:00:45

RESPONSE TIME 00:00:30

TOEIC Speaking

Questions 5-7: Respond to questions

Directions: In this part of the test, you will answer three questions. You will have three seconds to prepare after you hear each question. You will have 15 seconds to respond to Questions 5 and 6 and 30 seconds to respond to Question 7.

TOEIC Speaking

Imagine that a consulting firm is conducting research about snacking habits at work and at home. You have agreed to participate in a survey on snacking.

TOEIC Speaking — **Question 5 of 11**

Imagine that a consulting firm is conducting research about snacking habits at work and at home. You have agreed to participate in a survey on snacking.

How often do you eat snacks during the day? Do you usually have a snack by yourself or with others?

PREPARATION TIME	RESPONSE TIME
00:00:03	00:00:15

TOEIC Speaking — **Question 6 of 11**

Imagine that a consulting firm is conducting research about snacking habits at work and at home. You have agreed to participate in a survey on snacking.

What do you usually have for a snack, and when do you usually have it?

PREPARATION TIME	RESPONSE TIME
00:00:03	00:00:15

TOEIC Speaking — **Question 7 of 11**

Imagine that a consulting firm is conducting research about snacking habits at work and at home. You have agreed to participate in a survey on snacking.

Do you ever go to a restaurant or a café to have a snack? Why or why not?

PREPARATION TIME	RESPONSE TIME
00:00:03	00:00:30

TOEIC Speaking

Questions 8-10: Respond to questions using information provided

Directions: In this part of the test, you will answer three questions based on the information provided. You will have 45 seconds to read the information before the questions begin. You will three seconds to prepare and 15 seconds to respond to Questions 8 and 9. You will hear Question 10 two times. You will have three seconds to prepare and 30 seconds to respond to Question 10.

3rd AAI Conference on Artificial Intelligence

Period: January 28th - January 30th
Location: Hilton Hawaiian Village, Honolulu

8:30 – 9:00	On-site registration
9:00 – 10:00	Workshop: Ongoing Research Projects on AI *(Pascal Hendrick, Georgia Tech Institute)*
10:00 – 11:00	Discussion: AI, Ethics and Society
11:00 – Noon	Presentation: Increasing Diversity in AI *(MingChen Zhou, Massachusetts Institute of Technology)*
Noon – 1:30	Lunch
1:30 – 2:30	Workshop: AI in Education *(Hawaii Tech Institute)*
2:30 – 3:30	Discussion: Possible Research Projects on Future AI

PREPARATION TIME
00:00:45

TOEIC Speaking

Question 11: Express an opinion

Directions: In this part of the test, you will give your opinion about a specific topic. Be sure to say as much as you can in the time allowed. You will have 45 seconds to prepare. Then you will have 60 seconds to speak.

TOEIC Speaking

Question 11 of 11

Do you agree that college students can benefit a lot from studying abroad?

Give specific details and reasons to support your opinion.

PREPARATION TIME	RESPONSE TIME
00:00:45	00:01:00

TOEIC Speaking

Questions 8-10 of 11

3rd AAI Conference on Artificial Intelligence

Period: January 28th - January 30th
Location: Hilton Hawaiian Village, Honolulu

8:30 – 9:00	On-site registration
9:00 – 10:00	Workshop: Ongoing Research Projects on AI *(Pascal Hendrick, Georgia Tech Institute)*
10:00 – 11:00	Discussion: AI, Ethics and Society
11:00 – Noon	Presentation: Increasing Diversity in AI *(MingChen Zhou, Massachusetts Institute of Technology)*
Noon – 1:30	Lunch
1:30 – 2:30	Workshop: AI in Education *(Hawaii Tech Institute)*
2:30 – 3:30	Discussion: Possible Research Projects on Future AI

PREPARATION TIME	RESPONSE TIME
00:00:00	00:00:15

PREPARATION TIME	RESPONSE TIME
00:00:03	00:00:15

PREPARATION TIME	RESPONSE TIME
00:00:03	00:00:30

Speaking Test Directions

This is the TOEIC Speaking Test. This test includes eleven questions that measure different aspects of your speaking ability. The test lasts approximately 20 minutes.

Question	Task	Evaluation Criteria
1-2	Read a text aloud	· pronunciation · intonation and stress
3-4	Describe a picture	all of the above, plus · grammar · vocabulary · cohesion
5-7	Respond to questions	all of the above, plus · relevance of content · completeness of content
8-10	Respond to questions using information provided	all of the above
11	Express an opinion	all of the above

Questions 1-2: Read a text aloud

Directions: In this part of the test, you will read aloud the text on your screen. You will have 45 seconds to prepare. Then you will have 45 seconds to read the text aloud.

Question 1 of 11

Hoover Driving School offers a variety of basic courses covering the operation of motorcycles, standard vehicles, and commercial trucks. We also offer advanced driving programs. For your convenience, evening and weekend classes are available. For more information, visit us at our website.

PREPARATION TIME 00:00:45   RESPONSE TIME 00:00:45

Question 2 of 11

Thanks for flying with Howard Airlines. In a few moments, we will begin the landing process. Please remain seated, secure your trays, and fasten your seatbelts. When the plane has come to a full stop at its gate, please gather your carry-on luggage, and wait patiently as the passengers near the front of the plane exit first. Thank you.

PREPARATION TIME 00:00:45   RESPONSE TIME 00:00:45

Question 4 of 11

PREPARATION TIME	RESPONSE TIME
00:00:45	00:00:30

Questions 3-4: Describe a picture

Directions: In this part of the test, you will describe the picture on your screen in as much detail as you can. You will have 45 seconds to prepare your response. Then you will have 30 seconds to speak about the picture.

Question 3 of 11

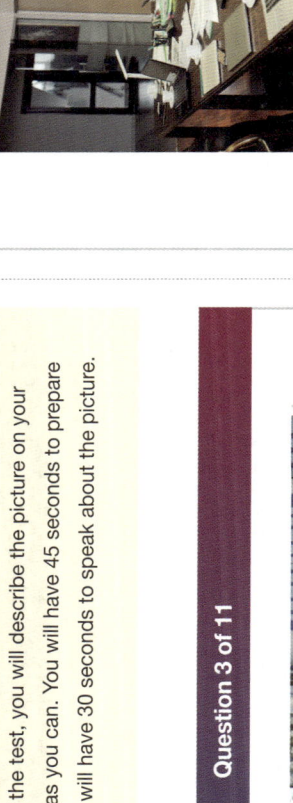

PREPARATION TIME	RESPONSE TIME
00:00:45	00:00:30

TOEIC Speaking

Questions 5-7: Respond to questions

Directions: In this part of the test, you will answer three questions. You will have three seconds to prepare after you hear each question. You will have 15 seconds to respond to Questions 5 and 6 and 30 seconds to respond to Question 7.

TOEIC Speaking

Question 5 of 11

Imagine that a supermarket franchise is doing market research and you have agreed to participate in a telephone interview about grocery shopping.

Who usually does the grocery shopping in your house? How often does that person go grocery shopping?

PREPARATION TIME	RESPONSE TIME
00:00:03	00:00:15

TOEIC Speaking

Question 6 of 11

Imagine that a supermarket franchise is doing market research and you have agreed to participate in a telephone interview about grocery shopping.

How far away is your nearest grocery store, and how do you usually go there?

PREPARATION TIME	RESPONSE TIME
00:00:03	00:00:15

TOEIC Speaking

Question 7 of 11

Imagine that a supermarket franchise is doing market research and you have agreed to participate in a telephone interview about grocery shopping.

Would you consider ordering your groceries online? Why or why not?

PREPARATION TIME	RESPONSE TIME
00:00:03	00:00:30

TOEIC Speaking

Questions 8-10: Respond to questions using information provided

Directions: In this part of the test, you will answer three questions based on the information provided. You will have 45 seconds to read the information before the questions begin. You will have three seconds to prepare and 15 seconds to respond to Questions 8 and 9. You will hear Question 10 two times. You will have three seconds to prepare and 30 seconds to respond to Question 10.

TOEIC Speaking — Questions 8-10 of 11

Business Trip Itinerary

Inquirer: Drake Olsen

Flight Info. Korean Air, flight 82

New York to Incheon
Departure time 2:30 p.m. May 6th (JFK Airport)
Arrival time   5:45 p.m. May 7th (ICN Airport)

Transportation to hotel: *private car reserved*
(driver will meet you at the arrival gate)

Korean Air, flight 85

Incheon to New York
Departure time 11:05 a.m. May 10th (ICN Airport)
Arrival time   12:20 p.m. May 10th (JFK Airport)

May 8th
11 a.m. – 1 p.m.   Factory visit at POSCON Industries
1 p.m.   Lunch meeting with Darrel Bush, factory manager

May 9th
10 a.m. – 4 p.m.   Attend "Korean Building and Construction Expo"
                   (Venue: Kent International Exhibition Center)

PREPARATION TIME
00:00:45

TOEIC Speaking

Question 11: Express an opinion

Directions: In this part of the test, you will give your opinion about a specific topic. Be sure to say as much as you can in the time allowed. You will have 45 seconds to prepare. Then you will have 60 seconds to speak.

TOEIC Speaking

Question 11 of 11

Do you agree or disagree with the following statement?

Nowadays, thanks to the development of technology, enjoying hobbies or leisure activities is easier than before.

Explain your opinion with details.

PREPARATION TIME	RESPONSE TIME
00:00:45	00:01:00

TOEIC Speaking

Questions 8-10 of 11

Business Trip Itinerary

Inquirer: Drake Olsen

Flight Info. Korean Air, flight 82

New York to Incheon
Departure time 2:30 p.m. May 6th (JFK Airport)
Arrival time   5:45 p.m. May 7th (ICN Airport)

Transportation to hotel: private car reserved
(driver will meet you at the arrival gate)

Korean Air, flight 85

Incheon to New York
Departure time 11:05 a.m. May 10th (ICN Airport)
Arrival time   12:20 p.m. May 10th (JFK Airport)

May 8th
11 a.m. – 1 p.m.   Factory visit at POSCON Industries
1 p.m.   Lunch meeting with Darrel Bush, factory manager

May 9th
10 a.m. – 4 p.m.   Attend "Korean Building and Construction Expo"
                    (Venue: Kent International Exhibition Center)

PREPARATION TIME	RESPONSE TIME
00:00:03	00:00:15
00:00:03	00:00:15
00:00:03	00:00:30

실전 모의고사 5

TOEIC Speaking

Speaking Test Directions

This is the TOEIC Speaking Test. This test includes eleven questions that measure different aspects of your speaking ability. The test lasts approximately 20 minutes.

Question	Task	Evaluation Criteria
1-2	Read a text aloud	- pronunciation - intonation and stress
3-4	Describe a picture	all of the above, plus - grammar - vocabulary - cohesion
5-7	Respond to questions	all of the above, plus - relevance of content - completeness of content
8-10	Respond to questions using information provided	all of the above
11	Express an opinion	all of the above

TOEIC Speaking

Questions 1-2: Read a text aloud

Directions: In this part of the test, you will read aloud the text on your screen. You will have 45 seconds to prepare. Then you will have 45 seconds to read the text aloud.

TOEIC Speaking — Question 1 of 11

Tonight, at the Atlanta Sports Awards Dinner, we will recognize this league's most dedicated players, coaches, and managers. And we will also review some of the most stunning plays from the season. And finally, we will take a look ahead toward the future of our organization.

PREPARATION TIME 00:00:45

RESPONSE TIME 00:00:45

TOEIC Speaking — Question 2 of 11

This Tuesday, Holt's German Bakery will be giving away free samples of our most popular products. Guests can try a wide assortment of breads, pastries, and cakes. While you enjoy our baked goods, you can also have a cup of our freshly brewed coffee.

PREPARATION TIME 00:00:45

RESPONSE TIME 00:00:45

Questions 3-4: Describe a picture

Directions: In this part of the test, you will describe the picture on your screen in as much detail as you can. You will have 45 seconds to prepare your response. Then you will have 30 seconds to speak about the picture.

TOEIC Speaking

Questions 5-7: Respond to questions

Directions: In this part of the test, you will answer three questions. You will have three seconds to prepare after you hear each question. You will have 15 seconds to respond to Questions 5 and 6 and 30 seconds to respond to Question 7.

TOEIC Speaking

Imagine that a marketing firm is doing research about interior design. And you have agreed to participate in a telephone interview about home design.

TOEIC Speaking

Question 5 of 11

Imagine that a marketing firm is doing research about interior design. And you have agreed to participate in a telephone interview about home design.

Do you enjoy decorating your home? And what was the most recent decoration you added to your home?

PREPARATION TIME	RESPONSE TIME
00:00:03	00:00:15

TOEIC Speaking

Question 6 of 11

Imagine that a marketing firm is doing research about interior design. And you have agreed to participate in a telephone interview about home design.

Would you like to renovate a room in your home by yourself? Why or why not?

PREPARATION TIME	RESPONSE TIME
00:00:03	00:00:15

TOEIC Speaking

Question 7 of 11

Imagine that a marketing firm is doing research about interior design. And you have agreed to participate in a telephone interview about home design.

If you were re-decorating a room, would you make your own design or follow an online guide?

PREPARATION TIME	RESPONSE TIME
00:00:03	00:00:30

Questions 8-10 of 11

Dylan Briggs
E-mail: Dylan12@vmail.com

Application for the post of Public Relation Officer

Education:
-Masters in Public Relations from University of British Columbia, 2017
-Bachelors in English Literature from University of Alberta, 2014

Skills:
-able to plan and organize events
-Good presentation & communication skills
-able to operate organization's social media accounts

Achievements:
-Freelance Journalist at University Newsletter "The Statesman"

Areas of experience:
-Public relations office assistant, Lloyd Insurance Company (2017 - present)
-Communications assistant, Johor Operations Ltd. (2012 - 2017)

PREPARATION TIME
00:00:45

Questions 8-10: Respond to questions using information provided

Directions: In this part of the test, you will answer three questions based on the information provided. You will have 45 seconds to read the information before the questions begin. You will three seconds to prepare and 15 seconds to respond to Questions 8 and 9. You will hear Question 10 two times. You will have three seconds to prepare and 30 seconds to respond to Question 10.

TOEIC Speaking — **Questions 8-10 of 11**

Dylan Briggs
E-mail: Dylan12@vmail.com

Application for the post of   Public Relation Officer

Education:
- Masters in Public Relations from University of British Columbia, 2017
- Bachelors in English Literature from University of Alberta, 2014

Skills:
- able to plan and organize events
- Good presentation & communication skills
- able to operate organization's social media accounts

Achievements:
- Freelance Journalist at University Newsletter "The Statesman"

Areas of experience:
- Public relations office assistant, Lloyd Insurance Company (2017 - present)
- Communications assistant, Johor Operations Ltd. (2012 - 2017)

PREPARATION TIME	RESPONSE TIME
00:00:03	00:00:15
00:00:03	00:00:15
00:00:03	00:00:30

TOEIC Speaking

Question 11: Express an opinion

Directions: In this part of the test, you will give your opinion about a specific topic. Be sure to say as much as you can in the time allowed. You will have 45 seconds to prepare. Then you will have 60 seconds to speak.

TOEIC Speaking — **Question 11 of 11**

Do you think that companies should have strict dress codes for employees working in the office?

Use specific reasons and examples to support your opinion.

PREPARATION TIME	RESPONSE TIME
00:00:45	00:01:00

시원스쿨 토익스피킹
실전 모의고사 9

MP3 AT6_Q

TOEIC Speaking

Question 1 of 11

If you are ready to take your dream vacation, let Jackson Travel Group help you plan it. We guarantee that our agents are proficient, friendly, and always available. You can find out for yourself why we were voted the best travel agency in the state. So, make an appointment with us today.

PREPARATION TIME	RESPONSE TIME
00:00:45	00:00:45

TOEIC Speaking

Question 2 of 11

Good morning, everyone. I will be your trail guide today as we hike through the beautiful forests of Wayne National Park. If you could look at the schedules I provided, I'd like to bring your attention to one change. We will now stay at Bowler Lake until 2:30, so you'll have an extra thirty minutes for resting, exploring, and viewing the scenery.

PREPARATION TIME	RESPONSE TIME
00:00:45	00:00:45

TOEIC Speaking

Speaking Test Directions

This is the TOEIC Speaking Test. This test includes eleven questions that measure different aspects of your speaking ability. The test lasts approximately 20 minutes.

Question	Task	Evaluation Criteria
1-2	Read a text aloud	· pronunciation · intonation and stress
3-4	Describe a picture	all of the above, plus · grammar · vocabulary · cohesion
5-7	Respond to questions	all of the above, plus · relevance of content · completeness of content
8-10	Respond to questions using information provided	all of the above
11	Express an opinion	all of the above

TOEIC Speaking

Questions 1-2: Read a text aloud

Directions: In this part of the test, you will read aloud the text on your screen. You will have 45 seconds to prepare. Then you will have 45 seconds to read the text aloud.

TOEIC Speaking

Questions 3-4: Describe a picture

Directions: In this part of the test, you will describe the picture on your screen in as much detail as you can. You will have 45 seconds to prepare your response. Then you will have 30 seconds to speak about the picture.

TOEIC Speaking

Question 3 of 11

PREPARATION TIME 00:00:45

RESPONSE TIME 00:00:30

TOEIC Speaking

Question 4 of 11

PREPARATION TIME 00:00:45

RESPONSE TIME 00:00:30

TOEIC Speaking

Questions 5-7: Respond to questions

Directions: In this part of the test, you will answer three questions. You will have three seconds to prepare after you hear each question. You will have 15 seconds to respond to Questions 5 and 6 and 30 seconds to respond to Question 7.

TOEIC Speaking

Imagine that you are talking to a friend. And you are having a conversation about making plans with friends from work or school.

TOEIC Speaking | **Question 5 of 11**

Imagine that you are talking to a friend. And you are having a conversation about making plans with friends from work or school.

When was the last time you made social plans with someone from work or school? What did you do together?

PREPARATION TIME	RESPONSE TIME
00:00:03	00:00:15

TOEIC Speaking | **Question 6 of 11**

Imagine that you are talking to a friend. And you are having a conversation about making plans with friends from work or school.

How often do you meet with people from work or school socially? Would you like to meet them more often?

PREPARATION TIME	RESPONSE TIME
00:00:03	00:00:15

TOEIC Speaking | **Question 7 of 11**

Imagine that you are talking to a friend. And you are having a conversation about making plans with friends from work or school.

Do you think it's good to have friendly relationships with people from work or school? Why or why not?

PREPARATION TIME	RESPONSE TIME
00:00:03	00:00:30

Pentagon Design

Date: February 20
Venue: Seminar Room C

Time	Name of interviewee	Position applying for	Current Company	Years of experience
10:00 a.m. – 10:30 a.m.	Karl Lancaster	Web designer	Romi Co.	4 years
10:30 a.m. – 11:00 a.m.	Bailey Davis	Assistant designer	Hope Design Co.	1 year
11:00 a.m. – 11:30 a.m.	Naomi Wyatt	Secretary	Vitakraft Co.	2 years
11:30 a.m. – 12:00 p.m.	Sandra James	Web programmer	Trevi Design Agency	4 years
12:00 p.m. – 12:30 p.m.	Kelvin Owens	Web designer	Trevi Design Agency	6 months

PREPARATION TIME
00:00:45

Questions 8-10: Respond to questions using information provided

Directions: In this part of the test, you will answer three questions based on the information provided. You will have 45 seconds to read the information before the questions begin. You will three seconds to prepare and 15 seconds to respond to Questions 8 and 9. You will hear Question 10 two times. You will have three seconds to prepare and 30 seconds to respond to Question 10.

TOEIC Speaking

Question 11: Express an opinion

Directions: In this part of the test, you will give your opinion about a specific topic. Be sure to say as much as you can in the time allowed. You will have 45 seconds to prepare. Then you will have 60 seconds to speak.

TOEIC Speaking

Question 11 of 11

Do you agree or disagree with the following statement?

Companies should pay for the employee's expenses for work-related education outside the company.

Explain your opinion with details.

PREPARATION TIME	RESPONSE TIME
00:00:45	00:01:00

TOEIC Speaking

Questions 8-10 of 11

Pentagon Design

Date: February 20
Venue: Seminar Room C

Time	Name of interviewee	Position applying for	Current Company	Years of experience
10:00 a.m. – 10:30 a.m.	Karl Lancaster	Web designer	Romi Co.	4 years
10:30 a.m. – 11:00 a.m.	Bailey Davis	Assistant designer	Hope Design Co.	1 year
11:00 a.m. – 11:30 a.m.	Naomi Wyatt	Secretary	Vitakraft Co.	2 years
11:30 a.m. – 12:00 p.m.	Sandra James	Web programmer	Trevi Design Agency	4 years
12:00 p.m. – 12:30 p.m.	Kelvin Owens	Web designer	Trevi Design Agency	6 months

PREPARATION TIME	RESPONSE TIME
00:00:03	00:00:15

PREPARATION TIME	RESPONSE TIME
00:00:03	00:00:15

PREPARATION TIME	RESPONSE TIME
00:00:03	00:00:30

시원스쿨 토익스피킹

실전 모의고사 7

MP3 AT7_Q

▲ 실전 모의고사 영상

TOEIC Speaking

Speaking Test Directions

This is the TOEIC Speaking Test. This test includes eleven questions that measure different aspects of your speaking ability. The test lasts approximately 20 minutes.

Question	Task	Evaluation Criteria
1-2	Read a text aloud	· pronunciation · intonation and stress
3-4	Describe a picture	all of the above, plus · grammar · vocabulary · cohesion
5-7	Respond to questions	all of the above, plus · relevance of content · completeness of content
8-10	Respond to questions using information provided	all of the above
11	Express an opinion	all of the above

TOEIC Speaking

Questions 1-2: Read a text aloud

Directions: In this part of the test, you will read aloud the text on your screen. You will have 45 seconds to prepare. Then you will have 45 seconds to read the text aloud.

TOEIC Speaking **Question 1 of 11**

When the temperature is high, nothing beats a nice cool cup of shaved ice. At Ice Castle, conveniently located in Kingston Plaza, you can enjoy a variety of sweet, sour, and fruity flavors. This month only, post about us on social media and receive a free treat.

PREPARATION TIME 00:00:45

RESPONSE TIME 00:00:45

TOEIC Speaking **Question 2 of 11**

Welcome, everyone, to the Jefferson Jazz Competition. Every band has come to showcase their amazing talents for you. If there's a group you especially like, consider visiting the vendors in the front hallway to purchase a recording. Now relax, turn off your phones, and get ready for some great music.

PREPARATION TIME 00:00:45

RESPONSE TIME 00:00:45

TOEIC Speaking

Questions 3-4: Describe a picture

Directions: In this part of the test, you will describe the picture on your screen in as much detail as you can. You will have 45 seconds to prepare your response. Then you will have 30 seconds to speak about the picture.

Question 3 of 11

PREPARATION TIME 00:00:45

RESPONSE TIME 00:00:30

Question 4 of 11

PREPARATION TIME 00:00:45

RESPONSE TIME 00:00:30

TOEIC Speaking

Questions 5-7: Respond to questions

Directions: In this part of the test, you will answer three questions. You will have three seconds to prepare after you hear each question. You will have 15 seconds to respond to Questions 5 and 6 and 30 seconds to respond to Question 7.

TOEIC Speaking

Imagine that an American marketing firm is doing research in your country. You have agreed to participate in a survey about live music.

Question 5 of 11

Imagine that an American marketing firm is doing research in your country. You have agreed to participate in a survey about live music.

How often do you attend a live music performance, and is there a live music venue in your town?

PREPARATION TIME	RESPONSE TIME
00:00:03	00:00:15

TOEIC Speaking

Question 6 of 11

Imagine that an American marketing firm is doing research in your country. You have agreed to participate in a survey about live music.

How do you get information about live music events in your area?

PREPARATION TIME	RESPONSE TIME
00:00:03	00:00:15

TOEIC Speaking

Question 7 of 11

Imagine that an American marketing firm is doing research in your country. You have agreed to participate in a survey about live music.

Do you prefer listening to live music at a concert or to recorded music at your home? Why?

PREPARATION TIME	RESPONSE TIME
00:00:03	00:00:30

Berkeley Film Academy

Workshop for documentary filmmaking
Time: 9:00 a.m. - 5:00 p.m.
Location: Auditorium

Date	Topics & Themes	Presenter
May 4th	Assessing the suitability of story ideas for documentary films	Maria Lopez
May 11th	Identifying diverse resources for documentary films	Maria Lopez
May 18th	Fundamentals of budgeting	Adele Cordosa
May 25th	Employment strategies	Donna Kariv
June 22nd	Planning the post-production stages	Gavin Li

PREPARATION TIME
00:00:45

Questions 8-10: Respond to questions using information provided

Directions: In this part of the test, you will answer three questions based on the information provided. You will have 45 seconds to read the information before the questions begin. You will three seconds to prepare and 15 seconds to respond to Questions 8 and 9. You will hear Question 10 two times. You will have three seconds to prepare and 30 seconds to respond to Question 10.

Question 11: Express an opinion

Directions: In this part of the test, you will give your opinion about a specific topic. Be sure to say as much as you can in the time allowed. You will have 45 seconds to prepare. Then you will have 60 seconds to speak.

Question 11 of 11

Would you prefer to work in one company for a long time or change companies throughout your career?

Use specific reasons or examples to support your opinion.

PREPARATION TIME	RESPONSE TIME
00:00:45	00:01:00

Questions 8-10 of 11

Berkeley Film Academy

Workshop for documentary filmmaking

Time: 9:00 a.m. - 5:00 p.m.
Location: Auditorium

Date	Topics & Themes	Presenter
May 4th	Assessing the suitability of story ideas for documentary films	Maria Lopez
May 11th	Identifying diverse resources for documentary films	Maria Lopez
May 18th	Fundamentals of budgeting	Adele Cordosa
May 25th	Employment strategics	Donna Kariv
June 22nd	Planning the post-production stages	Gavin Li

PREPARATION TIME	RESPONSE TIME
00:00:03	00:00:15

PREPARATION TIME	RESPONSE TIME
00:00:03	00:00:15

PREPARATION TIME	RESPONSE TIME
00:00:03	00:00:30

실전 모의고사 8

TOEIC Speaking

Speaking Test Directions

This is the TOEIC Speaking Test. This test includes eleven questions that measure different aspects of your speaking ability. The test lasts approximately 20 minutes.

Question	Task	Evaluation Criteria
1-2	Read a text aloud	· pronunciation · intonation and stress
3-4	Describe a picture	all of the above, plus · grammar · vocabulary · cohesion
5-7	Respond to questions	all of the above, plus · relevance of content · completeness of content
8-10	Respond to questions using information provided	all of the above
11	Express an opinion	all of the above

TOEIC Speaking

Questions 1-2: Read a text aloud

Directions: In this part of the test, you will read aloud the text on your screen. You will have 45 seconds to prepare. Then you will have 45 seconds to read the text aloud.

TOEIC Speaking

Question 1 of 11

Thanks for coming to the statue dedication ceremony at Lake Merritt Hospital. In the courtyard, we have placed a statue of Dr. Owen Chalk. During his time here, he served as chief of medicine, treated countless patients, and performed over one thousand successful surgeries. And even though he retired ten years ago, he still serves the hospital as a volunteer and board member.

PREPARATION TIME 00:00:45

RESPONSE TIME 00:00:45

TOEIC Speaking

Question 2 of 11

Tonight, Mayor Ronald Oxley is joining us on our weekly radio show. Mayor Oxley, who won last month's election, will be talking about his plans for improving the city's waterfront. And later on, listeners are invited to ask him questions by calling the station, posting on social media, or sending a text message.

PREPARATION TIME 00:00:45

RESPONSE TIME 00:00:45

TOEIC Speaking

Questions 3-4: Describe a picture

Directions: In this part of the test, you will describe the picture on your screen in as much detail as you can. You will have 45 seconds to prepare your response. Then you will have 30 seconds to speak about the picture.

TOEIC Speaking — **Question 3 of 11**

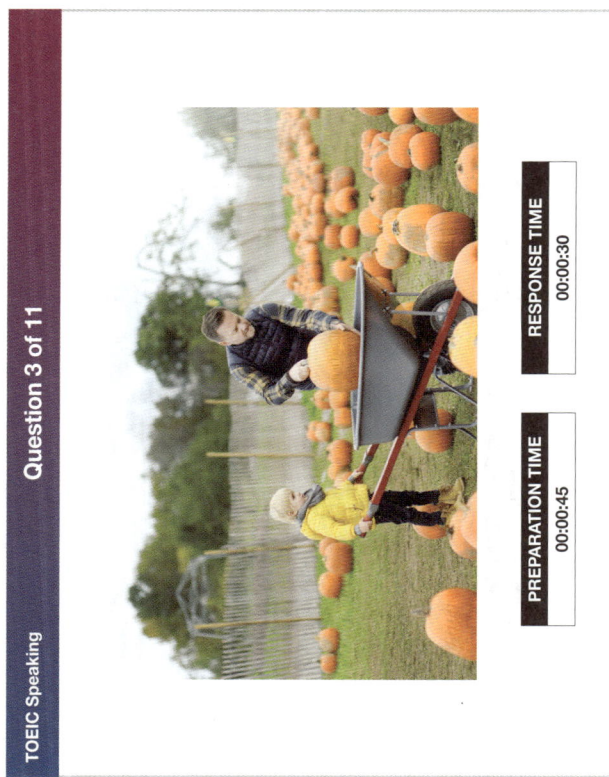

PREPARATION TIME 00:00:45
RESPONSE TIME 00:00:30

TOEIC Speaking — **Question 4 of 11**

PREPARATION TIME 00:00:45
RESPONSE TIME 00:00:30

TOEIC Speaking

Questions 5-7: Respond to questions

Directions: In this part of the test, you will answer three questions. You will have three seconds to prepare after you hear each question. You will have 15 seconds to respond to Questions 5 and 6 and 30 seconds to respond to Question 7.

TOEIC Speaking

Imagine that a university is doing research on museums in your area. And you have agreed to participate in a telephone interview on museums.

TOEIC Speaking

Question 5 of 11

Imagine that a university is doing research on museums in your area. And you have agreed to participate in a telephone interview on museums.

When did you last visit a museum? And how much time did you spend there?

PREPARATION TIME	RESPONSE TIME
00:00:03	00:00:15

TOEIC Speaking

Question 6 of 11

Imagine that a university is doing research on museums in your area. And you have agreed to participate in a telephone interview on museums.

Do you go to museums more often now than you did when you were a child? Why or why not?

PREPARATION TIME	RESPONSE TIME
00:00:03	00:00:15

TOEIC Speaking

Question 7 of 11

Imagine that a university is doing research on museums in your area. And you have agreed to participate in a telephone interview on museums.

Do you think visiting a museum is a good way to spend your free time? Why or why not?

PREPARATION TIME	RESPONSE TIME
00:00:03	00:00:30

TOEIC Speaking

Questions 8-10: Respond to questions using information provided

Directions: In this part of the test, you will answer three questions based on the information provided. You will have 45 seconds to read the information before the questions begin. You will have three seconds to prepare and 15 seconds to respond to Questions 8 and 9. You will hear Question 10 two times. You will have three seconds to prepare and 30 seconds to respond to Question 10.

TOEIC Speaking

Travel Itinerary

Inquirer: Bryce Coleman

February 7th

| 11:25 a.m. (Tue, Feb.7th) | Depart from Dallas (Etih Airways, Flight 274) |
| 10:00 a.m. (Wed, Feb.8th) | Arrive in Dubai |

*Duration: 14hrs 30 mins

Hotel: Hotel Atlantis Crescent Road, Dubai
 *4 nights, breakfast included
 *hotel shuttle service available to the airport and the conference

February 9th - 10th

Attend the *International Engineering Conference*
Venue: Dubai International Convention and Exhibit Center
required to show ID when entering

February 12th

| 2:50 a.m. (Sun, Feb.12th) | Depart from Dubai (Etih Airways, Flight 275) |
| 9:50 a.m. (Sun, Feb.12th) | Arrive in Dallas |

*Duration: 16hrs

PREPARATION TIME
00:00:45

TOEIC Speaking

Question 11: Express an opinion

Directions: In this part of the test, you will give your opinion about a specific topic. Be sure to say as much as you can in the time allowed. You will have 45 seconds to prepare. Then you will have 60 seconds to speak.

TOEIC Speaking

Question 11 of 11

Which of the following do you think is the best thing companies can do to increase employee productivity?

- Training the staff regularly
- Providing them with the right equipment
- Offering incentives

Use specific reasons or examples to support your opinion.

PREPARATION TIME	RESPONSE TIME
00:00:45	00:01:00

TOEIC Speaking

Questions 8-10 of 11

Travel Itinerary

Inquirer: Bryce Coleman

February 7th

11:25 a.m. (Tue, Feb.7th)	Depart from Dallas (Etih Airways, Flight 274)
10:00 a.m. (Wed, Feb.8th)	Arrive in Dubai

*Duration: 14hrs 30 mins

Hotel: Hotel Atlantis   Crescent Road, Dubai
   *4 nights, breakfast included
   *hotel shuttle service available to the airport and the conference

February 9th - 10th

Attend the *International Engineering Conference*
Venue: Dubai International Convention and Exhibit Center
required to show ID when entering

February 12th

2:50 a.m. (Sun, Feb.12th)	Depart from Dubai (Etih Airways, Flight 275)
9:50 a.m. (Sun, Feb.12th)	Arrive in Dallas

*Duration: 16hrs

PREPARATION TIME	RESPONSE TIME
00:00:03	00:00:15

PREPARATION TIME	RESPONSE TIME
00:00:03	00:00:15

PREPARATION TIME	RESPONSE TIME
00:00:03	00:00:30

시원스쿨 토익스피킹

실전 모의고사 9

TOEIC Speaking

Speaking Test Directions

This is the TOEIC Speaking Test. This test includes eleven questions that measure different aspects of your speaking ability. The test lasts approximately 20 minutes.

Question	Task	Evaluation Criteria
1-2	Read a text aloud	· pronunciation · intonation and stress
3-4	Describe a picture	all of the above, plus · grammar · vocabulary · cohesion
5-7	Respond to questions	all of the above, plus · relevance of content · completeness of content
8-10	Respond to questions using information provided	all of the above
11	Express an opinion	all of the above

TOEIC Speaking

Questions 1-2: Read a text aloud

Directions: In this part of the test, you will read aloud the text on your screen. You will have 45 seconds to prepare. Then you will have 45 seconds to read the text aloud.

TOEIC Speaking

Question 1 of 11

Good morning. The Rock and Roll Hall of Fame's morning tour will start in ten minutes. On this tour, you'll learn more about the singers, guitarists, and drummers who have defined this genre of music. Now, if you would prepare your ticket, we'll move to the first floor where the tour will start.

PREPARATION TIME	RESPONSE TIME
00:00:45	00:00:45

TOEIC Speaking

Question 2 of 11

Good evening, and welcome to this month's school board meeting. A lot of parents have come tonight to discuss teachers' pay, the summer school schedule, and changes to the athletics program. So, if you have a question or comment, please use the microphone at the front of the room.

PREPARATION TIME	RESPONSE TIME
00:00:45	00:00:45

TOEIC Speaking

Question 4 of 11

PREPARATION TIME 00:00:45

RESPONSE TIME 00:00:30

TOEIC Speaking

Questions 3-4: Describe a picture

Directions: In this part of the test, you will describe the picture on your screen in as much detail as you can. You will have 45 seconds to prepare your response. Then you will have 30 seconds to speak about the picture.

TOEIC Speaking

Question 3 of 11

PREPARATION TIME 00:00:45

RESPONSE TIME 00:00:30

45

TOEIC Speaking

Questions 5-7: Respond to questions

Directions: In this part of the test, you will answer three questions. You will have three seconds to prepare after you hear each question. You will have 15 seconds to respond to Questions 5 and 6 and 30 seconds to respond to Question 7.

TOEIC Speaking

Question 5 of 11

Imagine that a fitness magazine is doing research on bike trails in the area. And you have agreed to participate in a telephone interview on biking.

When is the best time of the year to go biking? Why?

PREPARATION TIME	RESPONSE TIME
00:00:03	00:00:15

TOEIC Speaking

Question 6 of 11

Imagine that a fitness magazine is doing research on bike trails in the area. And you have agreed to participate in a telephone interview on biking.

Are there any bike trails near your home? Are they well maintained?

PREPARATION TIME	RESPONSE TIME
00:00:03	00:00:15

TOEIC Speaking

Question 7 of 11

Imagine that a fitness magazine is doing research on bike trails in the area. And you have agreed to participate in a telephone interview on biking.

Which of the following is the most important when choosing where to go biking?
- The location of the bike trail
- The difficulty of the trail
- The scenery along the trail

PREPARATION TIME	RESPONSE TIME
00:00:03	00:00:30

Questions 8-10 of 11

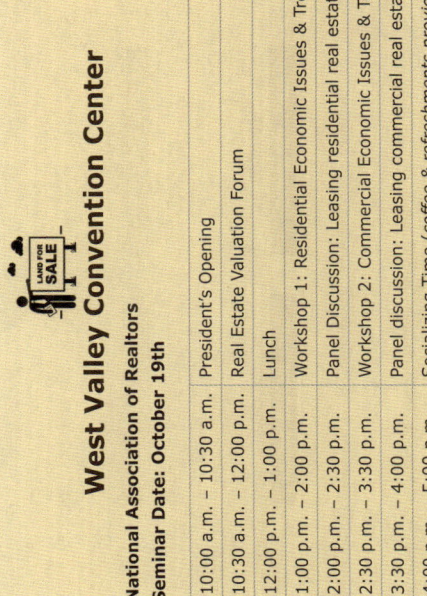

West Valley Convention Center

National Association of Realtors
Seminar Date: October 19th

10:00 a.m. – 10:30 a.m.	President's Opening
10:30 a.m. – 12:00 p.m.	Real Estate Valuation Forum
12:00 p.m. – 1:00 p.m.	Lunch
1:00 p.m. – 2:00 p.m.	Workshop 1: Residential Economic Issues & Trends
2:00 p.m. – 2:30 p.m.	Panel Discussion: Leasing residential real estate
2:30 p.m. – 3:30 p.m.	Workshop 2: Commercial Economic Issues & Trends
3:30 p.m. – 4:00 p.m.	Panel discussion: Leasing commercial real estate
4:00 p.m. – 5:00 p.m.	Socializing Time (coffee & refreshments provided)

Registration opens on September 1st! Only available through the website!

PREPARATION TIME
00:00:45

Questions 8-10: Respond to questions using information provided

Directions: In this part of the test, you will answer three questions based on the information provided. You will have 45 seconds to read the information before the questions begin. You will three seconds to prepare and 15 seconds to respond to Questions 8 and 9. You will hear Question 10 two times. You will have three seconds to prepare and 30 seconds to respond to Question 10.

TOEIC Speaking

Question 11: Express an opinion

Directions: In this part of the test, you will give your opinion about a specific topic. Be sure to say as much as you can in the time allowed. You will have 45 seconds to prepare. Then you will have 60 seconds to speak.

TOEIC Speaking

Question 11 of 11

Do you agree or disagree with the following statement?

Parents should have their children help them with household chores like washing dishes or cleaning the house.

Use specific reasons or examples to support your opinion.

PREPARATION TIME	RESPONSE TIME
00:00:45	00:01:00

TOEIC Speaking

Questions 8-10 of 11

West Valley Convention Center

National Association of Realtors
Seminar Date: October 19th

10:00 a.m. – 10:30 a.m.	President's Opening
10:30 a.m. – 12:00 p.m.	Real Estate Valuation Forum
12:00 p.m. – 1:00 p.m.	Lunch
1:00 p.m. – 2:00 p.m.	Workshop 1: Residential Economic Issues & Trends
2:00 p.m. – 2:30 p.m.	Panel Discussion: Leasing residential real estate
2:30 p.m. – 3:30 p.m.	Workshop 2: Commercial Economic Issues & Trends
3:30 p.m. – 4:00 p.m.	Panel discussion: Leasing commercial real estate
4:00 p.m. – 5:00 p.m.	Socializing Time (coffee & refreshments provided)

* Registration opens on September 1st! Only available through the website!

PREPARATION TIME	RESPONSE TIME
00:00:03	00:00:15

PREPARATION TIME	RESPONSE TIME
00:00:03	00:00:15

PREPARATION TIME	RESPONSE TIME
00:00:03	00:00:30

시원스쿨토익스피킹
실전 모의고사 10

MP3 AT 10_Q

TOEIC Speaking

Speaking Test Directions

This is the TOEIC Speaking Test. This test includes eleven questions that measure different aspects of your speaking ability. The test lasts approximately 20 minutes.

Question	Task	Evaluation Criteria
1-2	Read a text aloud	- pronunciation - intonation and stress
3-4	Describe a picture	all of the above, plus - grammar - vocabulary - cohesion
5-7	Respond to questions	all of the above, plus - relevance of content - completeness of content
8-10	Respond to questions using information provided	all of the above
11	Express an opinion	all of the above

TOEIC Speaking

Questions 1-2: Read a text aloud

Directions: In this part of the test, you will read aloud the text on your screen. You will have 45 seconds to prepare. Then you will have 45 seconds to read the text aloud.

TOEIC Speaking

Question 1 of 11

When it's time for your vehicle's next inspection, visit McNulty Auto Shop. For the rest of the month, all oil changes, engine checks, and tire rotations are thirty percent off. With over fifteen years of service in the Pineville region, we are a business you can trust.

PREPARATION TIME 00:00:45

RESPONSE TIME 00:00:45

TOEIC Speaking

Question 2 of 11

Are you excited about seeing all the great sights of New York City during your visit? If so, reserve a seat on our famous bus tour! This comfortable ride, which starts downtown, travels through each of the city's unique districts. You will see five-star hotels, towering skyscrapers, and iconic film locations.

PREPARATION TIME 00:00:45

RESPONSE TIME 00:00:45

TOEIC Speaking

Questions 3-4: Describe a picture

Directions: In this part of the test, you will describe the picture on your screen in as much detail as you can. You will have 45 seconds to prepare your response. Then you will have 30 seconds to speak about the picture.

Question 3 of 11

PREPARATION TIME 00:00:45

RESPONSE TIME 00:00:30

Question 4 of 11

PREPARATION TIME 00:00:45

RESPONSE TIME 00:00:30

TOEIC Speaking

Questions 5-7: Respond to questions

Directions: In this part of the test, you will answer three questions. You will have three seconds to prepare after you hear each question. You will have 15 seconds to respond to Questions 5 and 6 and 30 seconds to respond to Question 7.

TOEIC Speaking

Question 5 of 11

Imagine that a market research company is doing a survey on mobile games, which are video games that can be downloaded and played on smartphones. And you have agreed to participate in a telephone interview on playing mobile games.

Do you download and play mobile games on your smartphone? Why or why not?

PREPARATION TIME	RESPONSE TIME
00:00:03	00:00:15

TOEIC Speaking

Question 6 of 11

Imagine that a market research company is doing a survey on mobile games, which are video games that can be downloaded and played on smartphones. And you have agreed to participate in a telephone interview on playing mobile games.

Do you think it's a good idea for students to have mobile games on their phones? Why or why not?

PREPARATION TIME	RESPONSE TIME
00:00:03	00:00:15

TOEIC Speaking

Question 7 of 11

Imagine that a market research company is doing a survey on mobile games, which are video games that can be downloaded and played on smartphones. And you have agreed to participate in a telephone interview on playing mobile games.

Do you think online reviews are an effective way to learn about new mobile games?

PREPARATION TIME	RESPONSE TIME
00:00:03	00:00:30

Questions 8-10: Respond to questions using information provided

Directions: In this part of the test, you will answer three questions based on the information provided. You will have 45 seconds to read the information before the questions begin. You will have three seconds to prepare and 15 seconds to respond to Questions 8 and 9. You will hear Question 10 two times. You will have three seconds to prepare and 30 seconds to respond to Question 10.

PetComm Inc.
Corporate Retreat
REMI Conference Hall
March 21st (9:00 a.m. – 6:00 p.m.)

Time	Event	Presenter
9:00 – 9:30	Opening Speech	TJ Howard, President
9:30 – 10:20	Sales Report	Troy McMahan
10:30 – 12:00	Workshop: Promoting new products and services	Morgan Niko
12:00 – 1:00	Demonstration: App service	Oliver Young, IT Director
1:00 – 2:00	Picnic Lunch*	
2:00 – 3:30	Group Games	Mark Wallace, Host
3:30 – 4:30	Workshop: Dealing with customer complaints	Liam Brooks
4:30 – 6:00	Employee Awards & Closing	TJ Howard, President

* Sandwiches will be provided by Sweet Deli.

PREPARATION TIME
00:00:45

TOEIC Speaking

Question 11: Express an opinion

Directions: In this part of the test, you will give your opinion about a specific topic. Be sure to say as much as you can in the time allowed. You will have 45 seconds to prepare. Then you will have 60 seconds to speak.

TOEIC Speaking

Question 11 of 11

Which of the following means would be most effective when advertising food?

- TV commercials
- Social media platforms
- Food magazines

Use specific reasons or examples to support your opinion.

PREPARATION TIME	RESPONSE TIME
00:00:45	00:01:00

TOEIC Speaking

Questions 8-10 of 11

PetComm Inc.
Corporate Retreat
REMI Conference Hall
March 21st (9:00 a.m. – 6:00 p.m.)

Time	Event	Presenter
9:00 – 9:30	Opening Speech	TJ Howard, President
9:30 – 10:20	Sales Report	Troy McMahan
10:30 – 12:00	Workshop: Promoting new products and services	Morgan Niko
12:00 – 1:00	Demonstration: App service	Oliver Young, IT Director
1:00 – 2:00	Picnic Lunch*	
2:00 – 3:30	Group Games	Mark Wallace, Host
3:30 – 4:30	Workshop: Dealing with customer complaints	Liam Brooks
4:30 – 6:00	Employee Awards & Closing	TJ Howard, President

* Sandwiches will be provided by Sweet Deli.

PREPARATION TIME	RESPONSE TIME
00:00:03	00:00:15

PREPARATION TIME	RESPONSE TIME
00:00:03	00:00:15

PREPARATION TIME	RESPONSE TIME
00:00:03	00:00:30

시원스쿨 LAB

시험장에 들고 가는 Q 3-4 만능 표현

Q3-4 초집중 공략 팁
- 준비 시간 45초에는 필기하기보다는 사진 묘사의 순서를 대략적으로 정하기.
- 답변 시간 30초에는 사진의 중심 대상을 반드시 언급하고, 문장의 핵심 단어가 잘 들리게 답변하기.
- 묘사 순서
  장소 → 중심 대상 → 주변 대상 → 배경/느낌

장소 묘사

장소 묘사 표현
- This is a picture of a/an 장소.
- I would say this is a picture taken 전치사 + 관사 + 장소.

중심 대상 묘사

구도 표현

	뒤 In the back (of the picture)	
왼쪽 On the left (side of the picture)	중간/가운데 In the middle (of the picture)	오른쪽 On the right (side of the picture)
	앞 In the front (of the picture)	

대상 소개
- There is a/an 묘사 대상. or There are 묘사 대상.
- I see 묘사 대상.

인물 : 의상 → 자세+동작 순으로 중점적 묘사

1 의상
- wearing a suit
  정장을 입고 있는
- in casual clothes
  캐주얼한 옷을 입고 있는
- wearing glasses
  안경을 쓰고 있는

2 자세+동작
- sitting at a table
  테이블에 앉아있는
- walking along the street
  길을 따라 걷고 있는
- talking on the phone
  전화 통화 중인
- looking at something
  무언가를 보고 있는

> **Tip**
> **지목해서 인물 묘사**
> - 사람 (who is) 동사ing ~하고 있는 사람
>   예) The man wearing a hat is sitting on the chair.
>   모자를 쓴 남자는 의자에 앉아 있다.
> - 사람 on/in/at 위치 ~에 있는 사람
>   예) The girl on the right is carrying a bag.
>   오른쪽에 있는 소녀는 가방을 메고 있다.

주변 대상 묘사

사물 : 형용사 활용하여 수량, 색, 크기 설명 후, 구성이나 특징의 세부 묘사

1 수량
- a lot of trees
  많은 나무
- some equipment
  몇 개의 장비
- a few people
  몇몇 사람들

2 색
- brown walls
  갈색 벽
- a red sign
  빨간색 간판/표지판
- a black car
  검은색 차

3 크기
- a tall building
  높은 빌딩
- big windows
  큰 창문
- a small lamp
  작은 램프

4 구성/특징
- It has numbers and signs on it.
  숫자와 기호가 있습니다.
- They are open/closed.
  열려/닫혀 있습니다.
- It's on/off.
  켜져/꺼져 있습니다.

배경/느낌

인물 추측
직업, 관계, 표정 등으로 감정/상태 유추
- He looks happy.
  그는 행복해 보입니다.
- I think she is the owner of the store.
  그녀가 상점의 주인인 것 같습니다.
- I think they are co-workers.
  그들은 동료인 것 같습니다.
- He/She seems tired.
  그/그녀가 피곤해 보입니다.

배경 추측
사진의 전체적인 분위기, 날씨 등
- It seems like they are having a business meeting.
  비즈니스 회의를 하는 중인 것 같습니다.
- The weather seems nice.
  날씨가 좋아 보입니다.

- In the distance, I see a pond.
  먼 곳에, 연못이 보입니다.
- In the background, I see a lot of buildings and signs.
  배경에는, 많은 빌딩들과 표지판이 보입니다.

만능 집합 명사
- 표지판, 공지, 간판 등 → signs
- 도구류 → tools
- 기기류 → devices
- 장비류 → equipment
- 가구류 → furniture
- 용기들 → containers
- 교통수단류 → some kind of vehicle
- 식물들 → plants
- 연못, 호수 등 → water

장소별 빈출 표현

사무실 (office)
- He is holding a document and looking at it.
  그는 서류를 들고 있고 그것을 보고 있습니다.
- They are discussing something.
  그들은 무언가를 의논하고 있습니다.
- It seems like everyone's busy working.
  모두가 일을 하느라 바빠 보입니다.
- They seems to be co-workers.
  그들은 직장 동료인 것 같습니다.
- I see some devices and equipment here and there.
  여기 저기에 기기와 장비가 보입니다.
- I see files and binders on the bookshelves.
  책장에 파일들과 바인더들이 보인다.
- There are many desks and chairs in the office.
  사무실에는 책상들과 의자들이 많이 있다.
- The desk lamps are on.
  스탠드가 켜져 있다.
- Some books are stacked up on the desks.
  책 몇 권이 책상 위에 쌓여있다.
- I see some partition walls in between the desks.
  책상들 사이사이에 칸막이 벽이 보인다.
- People are working very hard.
  사람들이 매우 열심히 일하고 있다.

거리 (street)

- It's crowded with people.
  사람들로 북적입니다.
- I see some buildings along the street.
  길을 따라 몇 개의 빌딩이 보입니다.
- Some cars are parked along the sidewalk.
  인도를 따라 몇 대의 차가 주차되어 있습니다.
- There's heavy traffic on the road.
  도로에 심한 교통체증이 있습니다.
- I see some signs and traffic lights here and there.
  여기 저기에 많은 사인과 신호등이 보입니다.
- The road is under construction.
  도로가 공사 중이다.
- There are many trees and street lamps along the street
  길을 따라 나무와 가로등이 많이 있다.
- Some cars are parked along the street.
  차 몇 대가 길을 따라 주차되어 있다.

상점 (store)

- Some items are displayed on the shelves.
  선반에 몇 개의 상품이 진열되어 있습니다.
- The customers are looking at some items.
  손님들은 몇몇 물건을 보고 있습니다.
- The staff member is helping the customer.
  직원은 손님을 도와주고 있습니다.
- The items are neatly arranged.
  상품이 깔끔히 정리되어 있습니다.
- I see lights here and there and they are on.
  여기 저기에 등이 보이고 켜져 있습니다.
- Various kinds of items are displayed on the racks.
  다양한 종류의 제품들이 선반에 진열되어 있다.
- She is putting something in the basket.
  그녀는 바구니에 무언가를 넣고 있다.
- He is taking money out of the wallet.
  그는 지갑에서 돈을 꺼내고 있다.
- She is reaching for an item on the top shelf.
  그녀는 위쪽 선반의 물건에 닿으려고 팔을 뻗고 있다.
- He is looking into the display window.
  그는 진열장 안을 들여다보고 있다.
- She is arranging the products on the shelves.
  그녀는 선반의 물건을 정리하고 있다.
- He is pushing a cart.
  그는 카트를 밀고 있다.

자연&공원 (nature&park)

- They are enjoying the view.
  그들은 경치를 즐기고 있습니다.
- She is taking a walk in the park.
  그녀는 공원에서 산책을 하고 있습니다.
- It looks very calm and peaceful.
  매우 조용하고 평화로워 보입니다.
- I see some bushes by the lake.
  호수를 따라 관목이 보입니다.
- By looking at the color of the leaves, I can tell that it is summer.
  잎의 색깔을 보아 여름이라고 말할 수 있다.
- They are getting some rest.
  그들은 휴식을 취하고 있다.
- It looks a bit cloudy.
  날씨가 약간 흐려 보인다.
- I must be fall.
  가을임이 분명하다.

시험장에 들고 가는 Q 11 만능 표현

혼자 vs 함께

함께가 좋다

1 즐겁다
- It's fun and interesting.
  → Because we talk, and we do things together.

2 나눔/공유 → 절약 가능
- 아이디어 공유: We share ideas/information.
  → It's efficient. + We save time.
- 경비 부담: We split the cost.
  → We save money.

3 시너지 → 의욕 상승 → 좋은 결과
- 동기 부여: We motivate each other.
  → We work harder and get good results.

혼자가 좋다

1 편하다
- I feel comfortable doing things (alone/by myself).

2 편리하다
- It's convenient for me.
  → I don't have to discuss everything (with others).
  → If I had to do it with someone, we might argue. And it can be less stressful (to do things by myself).

3 집중이 잘된다
- I concentrate better when I do things alone.
  → It is efficient. + I save time.

다양한 의사소통

전문가가 좋다

1 많은/정확한/최신 정보가 도움됨
- 많은 정보: They have a lot of information. So, I learn a lot.
  → And this is time-efficient (since I don't have to do the research).
- 정확한 정보: They give accurate information.
  → And this is important.
- 최신의 정보: They have current information.
  → And it is useful.

2 풍부한 경험 & 현실적 조언은 도움됨
- 경험: They have experience in their field.
- 현실적 조언: They give practical/realistic advice.
  → And that is helpful.

직접 소통이 좋다

1 편리하다
- It's convenient (since we talk face to face).

2 쉽게 질문하고 답변을 받는다
- We communicate effectively.
  → I can easily ask questions and get instant response/feedback.

3 소통에 오해가 없다
- There's no misunderstanding.

글이 좋다

1 편리하다
- It's convenient to read/write something.
  → I can do it anytime.

2 디테일하다
- The information is in detail.
  → I learn a lot. + I understand it better.

3 정확하다
- The information is accurate. → And it's important.

기술 발달 + 시대적 배경

인터넷/온라인이 좋다

1 많은 정보
- We easily get a lot of information.

2 다양한 정보
- We get various types of information (such as news, pictures, videos, reviews, and more).
  → They are useful.

3 최신 정보
- There is current information. → And it is useful.

4 더 편리하다
- It's more convenient.
  → We can do things anytime, anywhere.
  → And it's easy to search for information.

5 더 빠르다
- We save time. And it's efficient.

6 더 쉽다
- It's easier.
  → We can do things online./
  We can easily search online.

인터넷/온라인이 별로다

1 지나치게 많은 정보
- There is too much information. → It's confusing.

2 부정확한 정보
- Some information is not accurate. → It's useless.

3 생각을 안하게 된다
- We don't think hard. → We just search online.

기술 발달로 요즘 시대가 좋다

1 정보화
- We easily get information.
  → We solve problems well.

2 기기화
- We use more machines/equipment/computers/robots. → This is also timesaving.

3 다양화 (다양해서 좋음)
- There are many _____ . (종류/개수)
- There are different ways to _____ . (방법 다양)

기술 발달로 요즘 시대는 별로다

1 치열한 경쟁
- It's very competitive. → This is stressful.

2 복잡하다 (너무 많아서 문제)
- There are too many _____ .
  → So, it's confusing and complicated.

3 게으르다
- We get lazy since we are so used to using online services.
- We don't think hard since we can easily search things online.

> 근무 환경 + 직원

근무 환경이 좋아야 한다

1 편하다
- We feel comfortable working.
- We don't get stressed at work./It's less stressful.
- We can focus on work.
  → We work more efficiently.
  → We get work done on schedule.

2 직원의 동기 부여는 회사의 성장을 이끈다
- Employees get motivated and work harder.
  → Then, their work performance improves.
  → The company grows/succeeds.

동료와의 관계는 좋은게 좋은 것이다

1 업무 효율 증가
- It's important to communicate and cooperate well with co-workers. → We all work efficiently.

2 편하다
- We feel comfortable working (together).
- We create a comfortable work environment.
  → It's less stressful.

개인의 성공 조건

1 지식
- gain/have/use knowledge → learn work easily

2 스킬
- learn/have/use skills → work efficiently

3 경력/경험
- get/have experience
  → work fast and make wise decisions

4 의지/열정
- be motivated to work harder
  → get good results/succeed

5 소통 능력
- communicate well with others (share ideas/discuss work)

6 대인 관계
- have social skills and interpersonal skills (or help each other) → work better/have better results

기업의 성공 조건

1 유능한 직원
- competent employees who work efficiently

2 높은 수익 • make profit/increase sales

3 좋은 이미지 • good reputation

4 광고 • advertisement

리더

리더의 역할
1 팀 이끌고 결정/지시/문제 해결/조언
   - lead the team
     → make decisions/give instructions/solve problems and give advice
2 팀 관리
   - manage the team
     → communicate with members/motivate members/manage work

리더의 능력
1 리더가 능력 있으면?
   - It's convenient and members feel comfortable working.
     → They don't get stressed and they work efficiently.
2 리더가 능력 없으면?
   - The members can't trust/respect their leader.
     → So, there can be conflicts.

어린이

어린이 교육
1 배움/습득
   - It's helpful to learn something.
     → Eventually, they will have to do it.
     → If they learn it ahead, they can be well-prepared.
   - Children gain knowledge.
     → They become smarter.
   - Some children find their talent/interest.
     → And they should develop it.
2 사회성
   - make friends/hang out with friends/play games or sports/communicate
     → learn social skills and can be outgoing
     → that is important
3 독립심
   - Children learn to do things by themselves.
     → They'll get used to it, and gain confidence.
     → They become more independent.

어린이의 한계
1 아직은 어리다
   - Children are still too young.
     → They don't have knowledge or experience with it. So, they don't know how to do things (by themselves).
     → They need guidance/directions.

대학생

학부의 전공 분야 지식
1 전공 지식
   - gain knowledge in the major field of study
     → take classes/do research/read and write papers/take tests

대회 활동 및 경력
1 자원 봉사
   - do volunteer work
     → experience different jobs and learn different skills
     → make friends and meet different people
2 아르바이트
   - work part-time
     → (can) make money for tuition
     → experience different jobs
3 클럽(교외) 활동
   - join club/extracurricular activities
     → have a hobby and get rid of stress/relieve stress
     → make friends and meet different people
     → learn various skills
4 인턴쉽
   - do an internship
     → work in an actual work setting
     → learn practical work skills
     → learn business knowledge and manners

삶의 질

삶의 질 + 행복
1 행복/만족
   - I don't worry about _____ .
   - I feel satisfied with _____ .
   - I don't stress out about _____ .
2 돈의 장점
   - With money, we can pay the essentials.
   - With money, we can live without much stress.
   - With money, we can help others.

토익스피킹
필수 어휘 200

🔊 MP3 필수 어휘 200

- [ ] a variety of `발음 주의` — 다양한
- [ ] affordable — (가격이) 알맞은
- [ ] agenda — 의제, 안건
- [ ] allow — 허락하다, 허용하다
- [ ] application — 애플리케이션, 적용, 응용
- [ ] apply (for) — ~에 지원하다
- [ ] appreciate — 고마워하다
- [ ] arrival — 도착
- [ ] assigned — 할당된, 배정된
- [ ] association — 협회
- [ ] athletics `발음 주의` — 체육, 운동 경기
- [ ] atmosphere — 분위기
- [ ] attend — 참석하다
- [ ] attendee `발음 주의` — 참석자
- [ ] attract — 끌어 모으다, 유치하다
- [ ] audience — 청중, 관중
- [ ] auditorium — 강당, 객석
- [ ] available `발음 주의` — 가능한, 이용할 수 있는
- [ ] avoid `발음 주의` — 방지하다, 피하다
- [ ] bachelor's degree — 학사 학위
- [ ] be aware of — ~을 알다, 알아 차리다
- [ ] be canceled `발음 주의` — 취소되다
- [ ] be familiar with — ~을 잘 알다, ~에 익숙하다
- [ ] be held — 열리다
- [ ] be interested in — ~에 관심이 있다
- [ ] be likely to — ~할 것 같다, ~할 의향/가능성이 있다
- [ ] be successful — 성공하다
- [ ] bother — 신경 쓰다, 애를 쓰다
- [ ] budget `발음 주의` — 예산, (지출 예상) 비용
- [ ] candidate — 후보자, 지원자, 응시자
- [ ] career `발음 주의` — 직업, 사회 생활, 경력
- [ ] career opportunities — 경력 기회
- [ ] celebrate — 기념하다, 축하하다
- [ ] challenging — 도전적인, 힘드는
- [ ] colleague — 동료
- [ ] come up with — ~을 생각해내다, 제안하다
- [ ] comment — 의견, 설명
- [ ] commercial break — (라디오, TV) 광고 방송을 위한 프로그램 중단 시간
- [ ] committed — 헌신적인, 열성적인
- [ ] commuters — 통근자, 출퇴근자
- [ ] compare — 비교하다
- [ ] compensation — 보상, 이득
- [ ] competition — 경쟁, 경쟁자
- [ ] competitors — 경쟁자
- [ ] complaints — 불평, 항의
- [ ] concerning — ~에 관련된
- [ ] consider — 고려/감안하다, ~로 여기다
- [ ] construction — 건설, 공사
- [ ] consulting — 자문의, 자문, 조언
- [ ] continue –ing — 계속 ~하다
- [ ] conveniently `발음 주의` — 편리하게, 알맞게
- [ ] corporate — 기업의, 회사의
- [ ] correct — 정확한, 맞는, 적절한
- [ ] co-workers — 동료
- [ ] crowded — 붐비는, 복잡한
- [ ] current `발음 주의` — 현재의, 지금의
- [ ] decided to — ~하기로 결정하다, 결심하다
- [ ] decrease — 감소하다, 줄다
- [ ] dedicated — 헌신적인, 전념하는
- [ ] demonstration — 시연, 시범 설명
- [ ] departure — 출발(편), 떠남
- [ ] detail — 세부 사항
- [ ] detour — 우회로, 둘러 가다, 우회하다
- [ ] difficulty — 어려움
- [ ] discussion — 논의, 상의
- [ ] disruptive — 지장을 주는, 방해하는
- [ ] distracting — 방해하는
- [ ] district — 지역, 구역
- [ ] disturb — 방해하다, 불안하게 만들다
- [ ] don't know whom to choose — 누구를 고를지 모르겠다
- [ ] duration — 기간, 지속
- [ ] each — 각각, 각자의
- [ ] election — 선거
- [ ] encourage people to — ~하도록 장려하다, 고무하다
- [ ] enjoy –ing — ~하는 것을 즐기다
- [ ] equipment — 장비, 용품
- [ ] especially — 특히, 특별히
- [ ] exhibition `발음 주의` — 전시회, 전시
- [ ] experience — 경력, 경험
- [ ] facility — 시설, 기관
- [ ] fasten seatbelts — 안전벨트를 착용하다
- [ ] figure out — 생각해내다, 이해하다
- [ ] financial support — 재정적 지원, 원조
- [ ] focus on — ~에 집중하다
- [ ] foreign `발음 주의` — 외국의, 대외의
- [ ] frequently — 자주, 흔히
- [ ] genre `발음 주의` — 장르
- [ ] get some rest — 휴식을 취하다
- [ ] grocery shopping — 장보기, 식료품 구매하기
- [ ] guarantee `발음 주의` — 보장하다, 약속하다, 보장
- [ ] have interest — 관심을 보이다
- [ ] hire — 고용하다
- [ ] improve sales — 매출을 늘리다
- [ ] in addition — 게다가, 덧붙여
- [ ] included — 포함된
- [ ] inconvenient `발음 주의` — 불편한, 곤란한
- [ ] industry — 산업, 공업
- [ ] instead of ~ — ~ 대신에

◁◁ 절취선을 따라 잘라서 사용하세요.

☐	introduce	소개하다
☐	itinerary 발음 주의	여행 일정표
☐	keep ~ quiet	~을 조용히 만들다, 시키다
☐	league	리그, 연맹, 수준
☐	leisure activity	여가 활동
☐	less stressful	스트레스를 덜 받는
☐	limited to ~	~으로 한정된, ~에 국한된
☐	live music	라이브 음악, 실황 음악
☐	loyal	충실한
☐	maintain sales targets	판매 목표액을 유지하다
☐	make a decision	결정을 내리다
☐	make an appointment	약속을 정하다
☐	make purchases	구매하다
☐	mention	언급하다, 거론하다
☐	mobile	모바일, 이동하는, 이동식의
☐	motivation / be motivated	동기 부여(가 되다)
☐	noise	소리, 소음
☐	nowadays	요즘에는
☐	offer	제안하다, 제의, 제안
☐	on foot	도보로, 걸어서
☐	on-site	현장의, 현지의
☐	opening speech	개회사
☐	operation	운용, 작동
☐	options	선택권, 옵션
☐	organization 발음 주의	조직, 단체
☐	organize	조직하다, 구성하다
☐	parking spot	주차 공간
☐	patient 발음 주의	환자, 참을성 있는
☐	patron	고객, 후원자
☐	penalty	벌금, 처벌
☐	percent off 발음 주의	몇 % 할인
☐	performance	공연, 연주, 실적, 성과
☐	place advertisement	광고를 내다
☐	policy	정책, 방침
☐	postpone	연기하다, 미루다
☐	predict	예측하다, 예견하다
☐	presentation	발표, 프레젠테이션
☐	previously	이전에, 미리, 사전에
☐	process	과정, 절차
☐	proficient	능숙한, 능한
☐	program	프로그램
☐	promote	홍보하다, 촉진하다, 승진시키다
☐	pros and cons	장단점, 찬반 양론
☐	provide	제공하다, 공급하다
☐	public	공공의, 대중의, 대중
☐	purchase 발음 주의	구매하다, 구매
☐	qualified	자격이 있는
☐	reasonable	합리적인, 타당한, 합당한
☐	recent	최근의
☐	recently	최근에
☐	recognize	알아보다, 공인하다, 인정하다
☐	refreshment	다과, 가벼운 식사/음료
☐	regarding	~에 관하여, ~에 대하여
☐	region	지방, 지역
☐	registration/register	등록/등록하다
☐	relationship	관계
☐	reliable	믿을 수 있는, 신뢰할 수 있는
☐	relieve stress	스트레스를 풀다
☐	renovation	수리, 수선
☐	repair	보수하다, 수리하다
☐	require	요구하다, 필요로 하다
☐	required to	~하도록 요구되다
☐	reserve	예약하다
☐	residential	주택지의, 거주하기 좋은
☐	résumé 발음 주의	이력서
☐	right away	곧바로, 즉시
☐	sales report	판매 보고서
☐	satisfy/satisfaction	만족시키다/만족
☐	security	보안, 경비
☐	session	(특정 활동의) 기간, 시간
☐	solve problems	문제를 해결하다, 풀다
☐	specialize in	~을 전문으로 하다
☐	spend time	시간을 보내다
☐	statue	조각상
☐	stressful	스트레스를 주는
☐	strict dress codes	엄격한 복장 규정
☐	study abroad	외국에서 공부하다, 유학하다
☐	suitable	적합한, 적절한, 알맞은
☐	supplier	공급자, 공급 회사
☐	take place	개최되다, 일어나다
☐	temperature 발음 주의	온도, 기온, 체온
☐	theme 발음 주의	주제, 테마
☐	these days	요즘에는
☐	this month only	이번 달에만
☐	thousand	수많은, 수천의
☐	traffic report	교통 방송 안내
☐	transportation	교통 기관, 탈 것
☐	uncomfortable	불편한
☐	undergoing renovations	수리/공사를 진행 중인
☐	unique	고유의, 특유의, 독특한, 특별한
☐	upload videos	비디오를 업로드하다
☐	vehicles 발음 주의	교통 수단
☐	venue	장소
☐	view the scenery	경치를 감상하다, 보다
☐	volunteer	자원하다, 자진하다, 자원 봉사자
☐	well-maintained	잘 관리된
☐	wide assortment of	선택의 폭이 넓게 다양한
☐	work efficiently	효율적으로 일하다
☐	work experience	업무 경력
☐	work process	업무 절차
☐	working on	~을 착수하다, ~에 노력을 들이다
☐	work-related	일과 관련된